LIVRE DE COLORIAGE ANIMAL FANTAISISTE POUR ADULTES

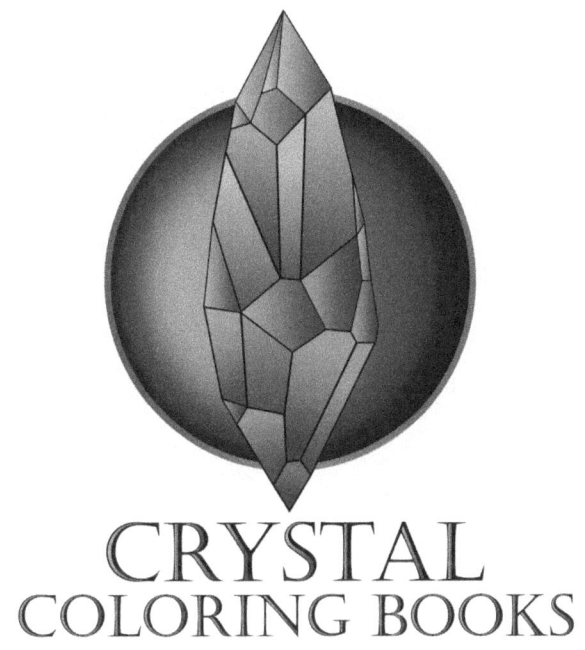

CRYSTAL
COLORING BOOKS

ISBN: 9781791657253

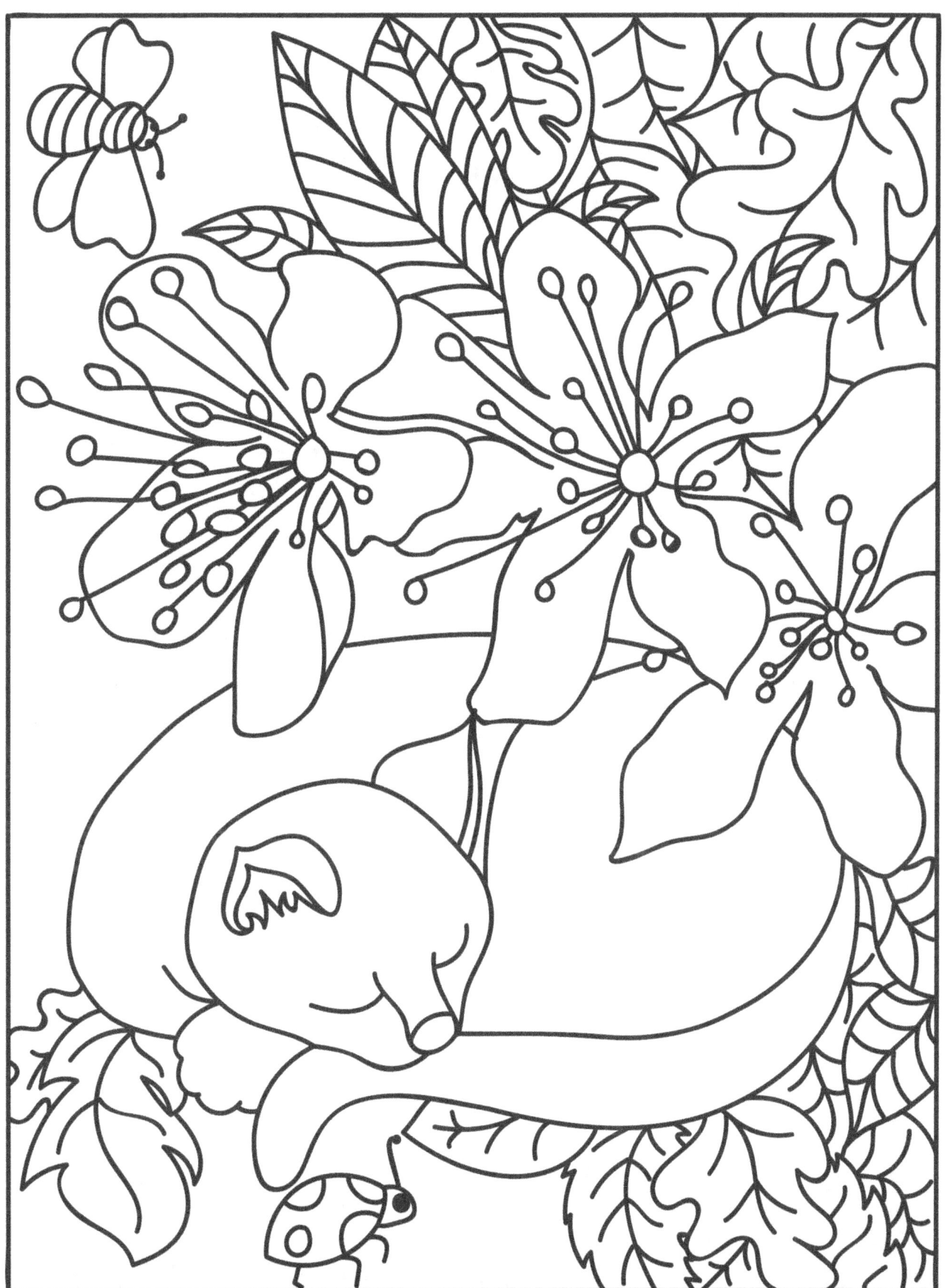

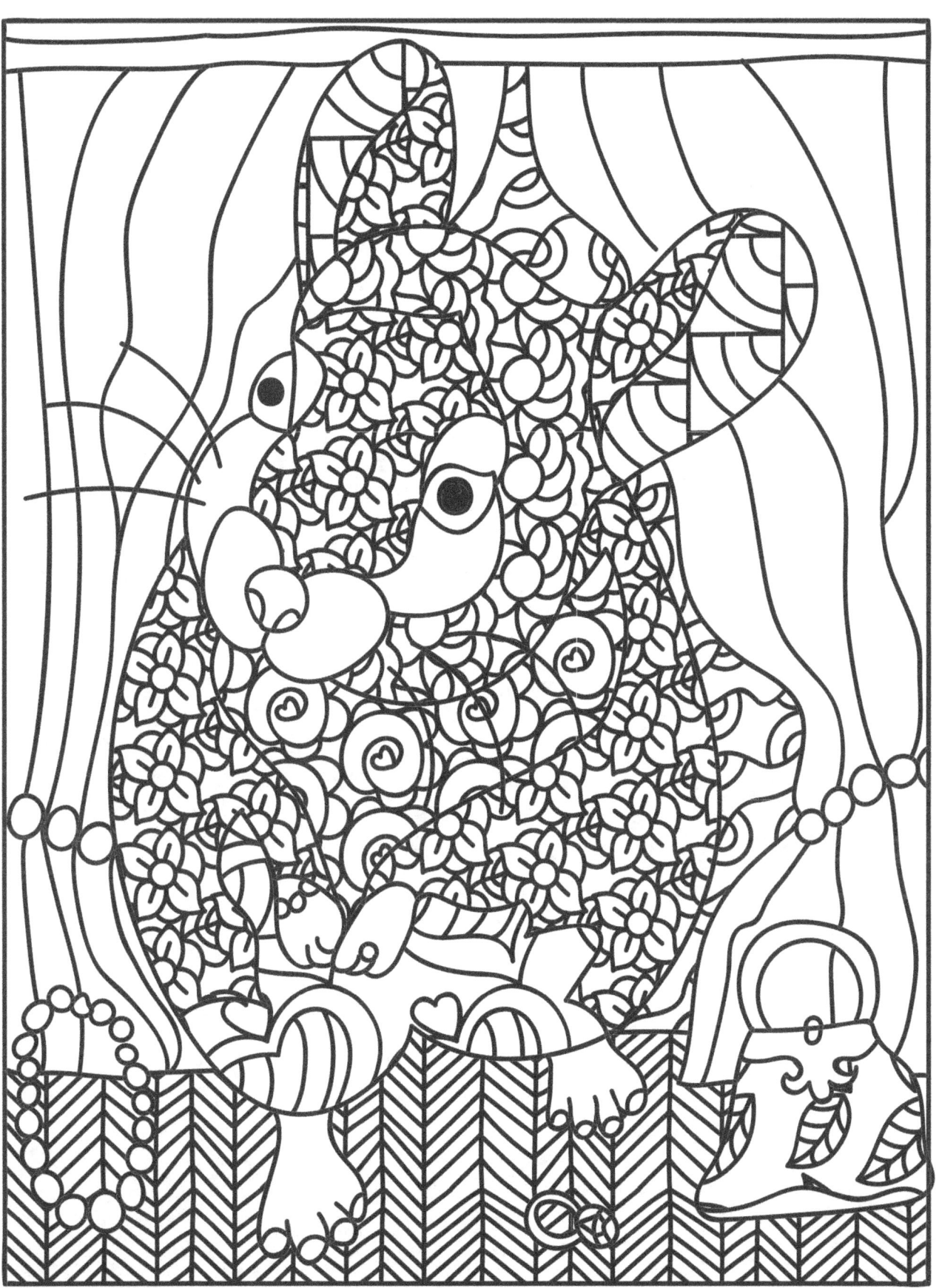

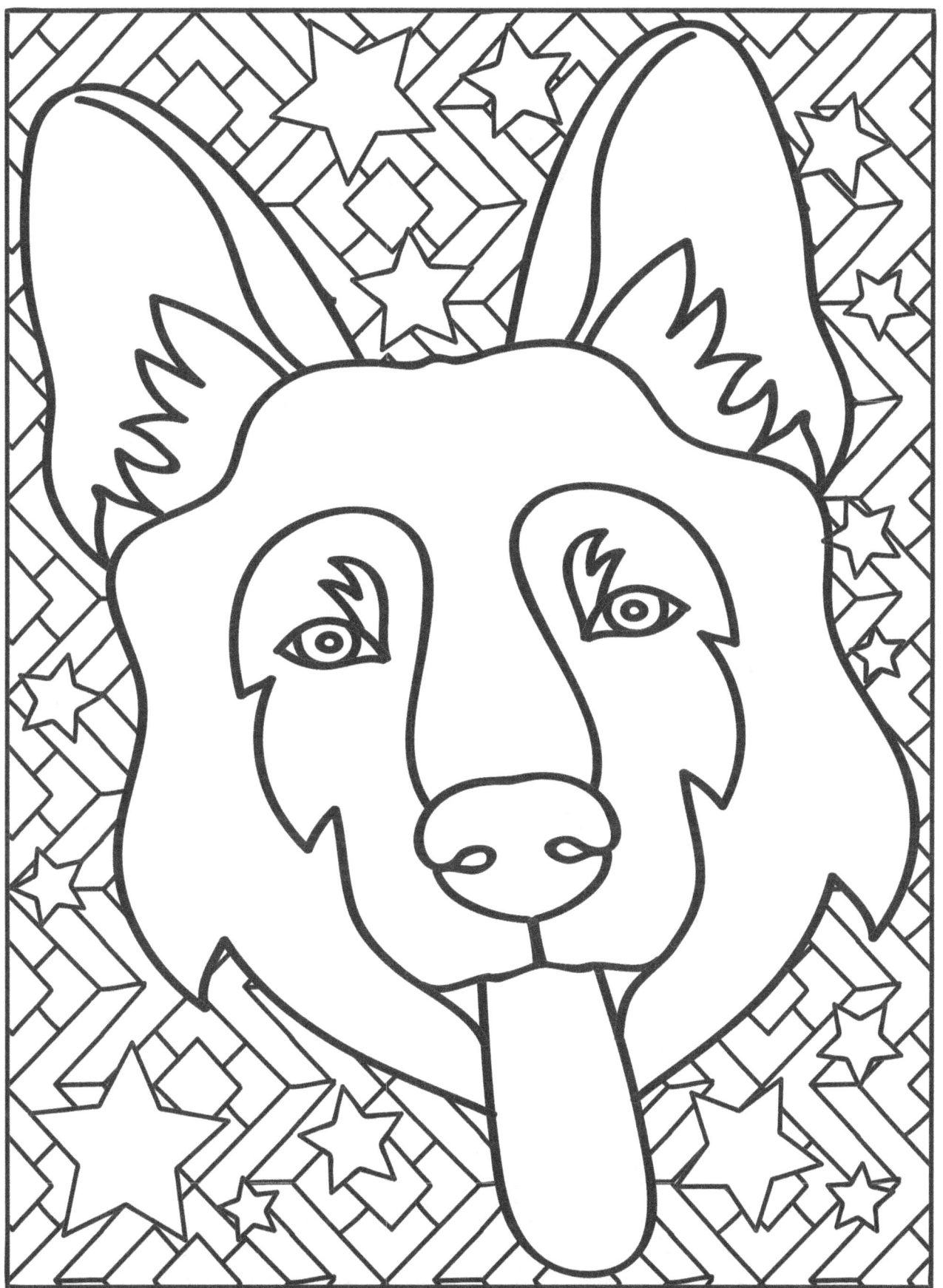

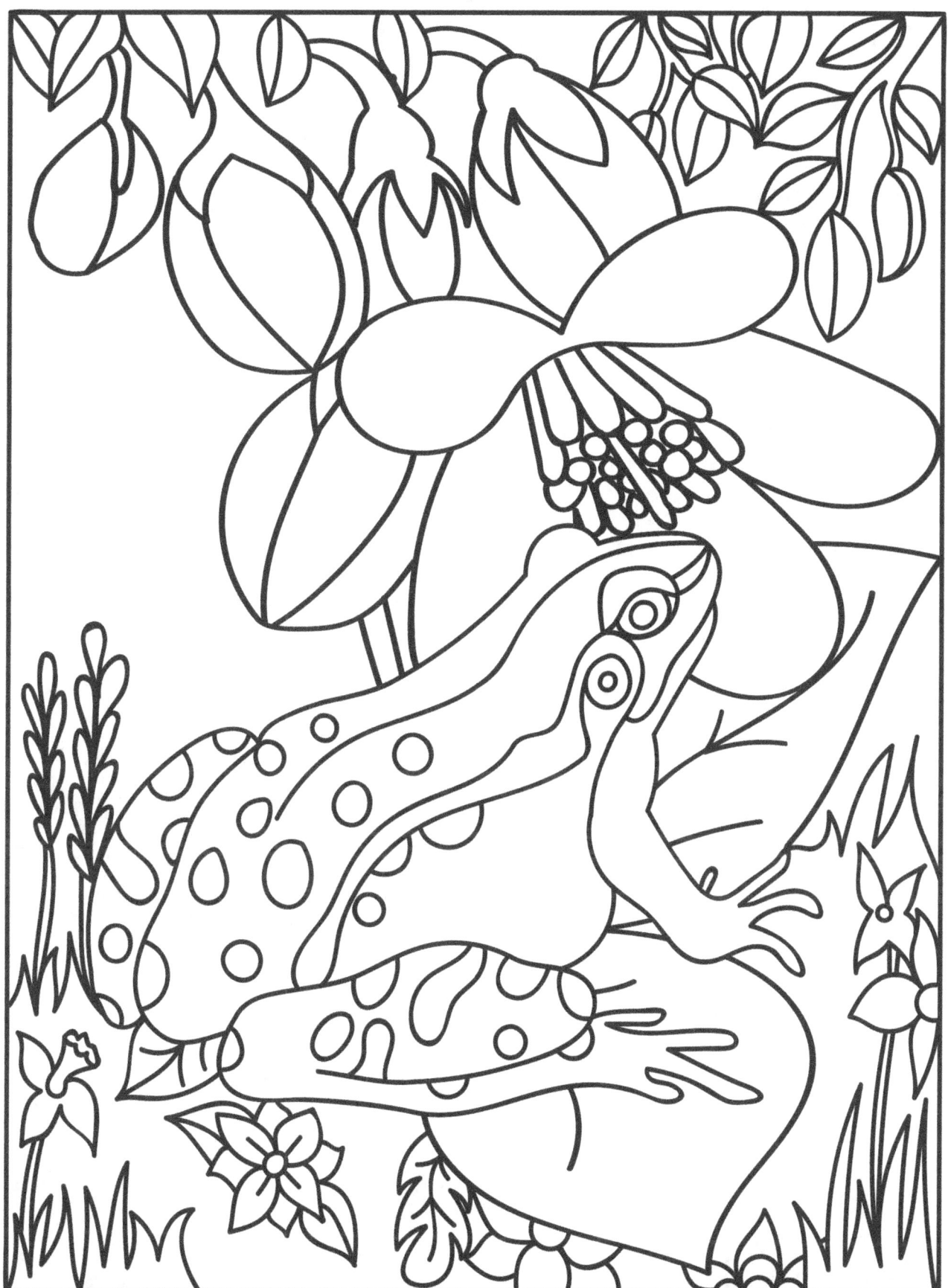

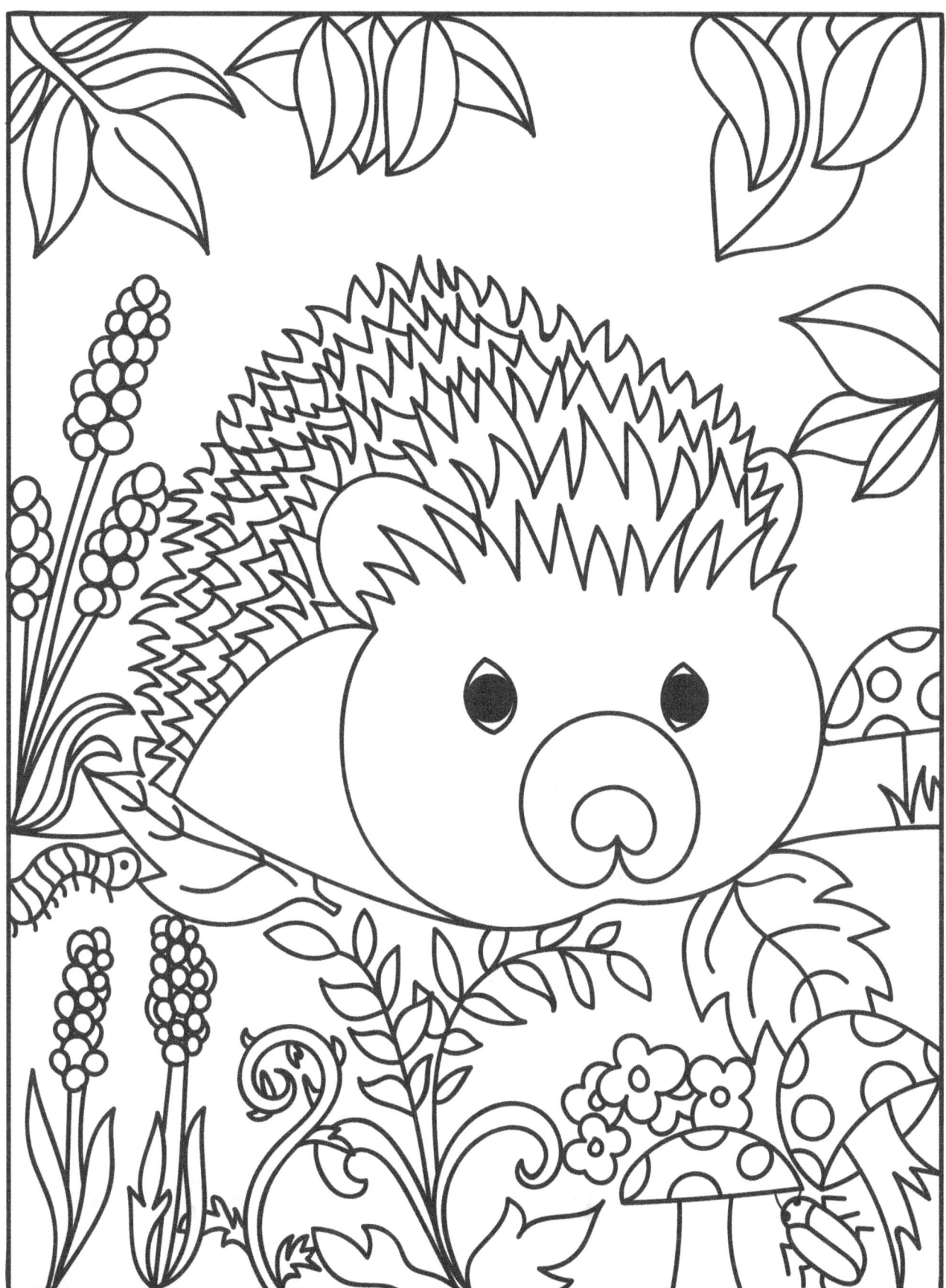

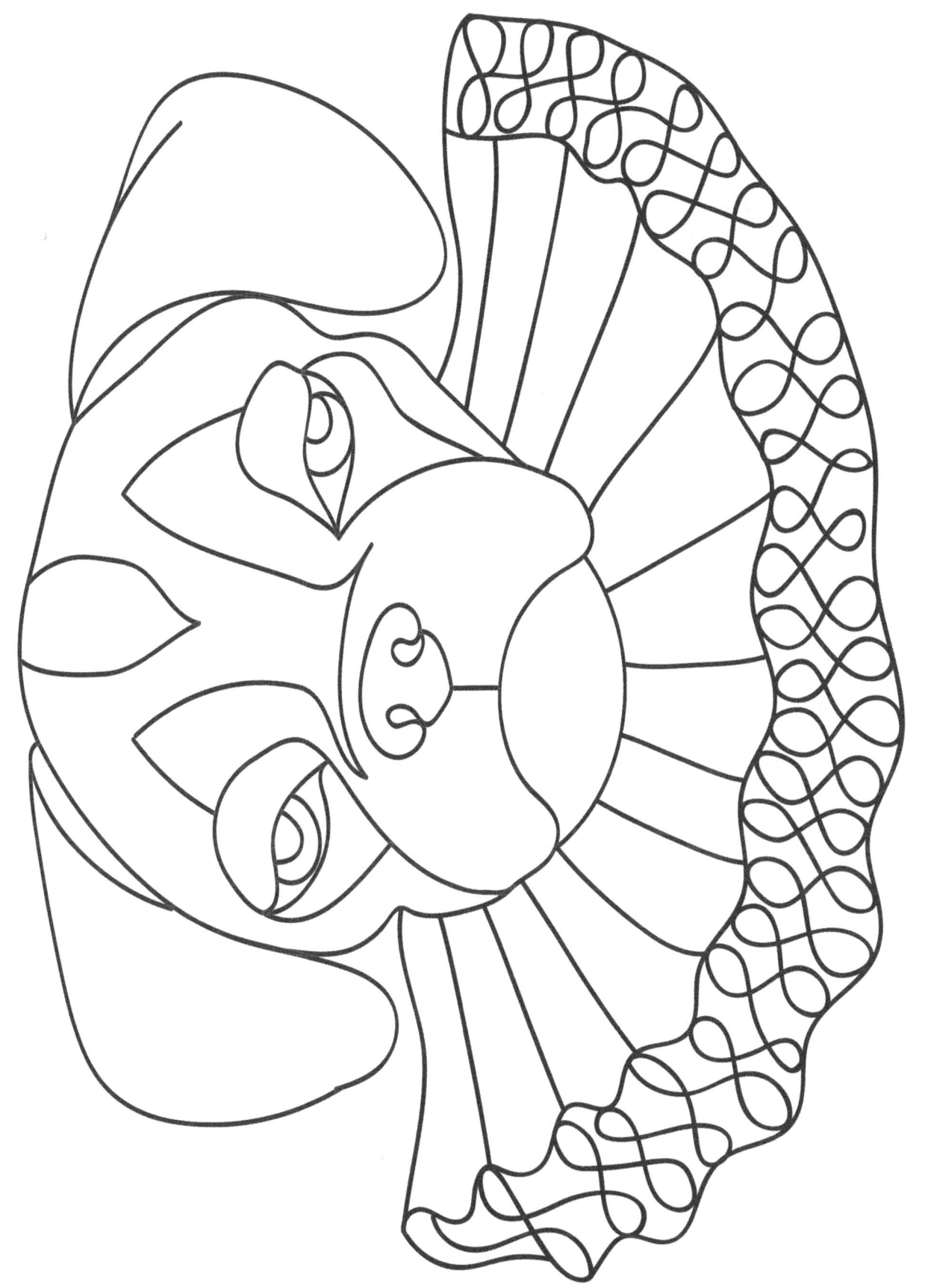

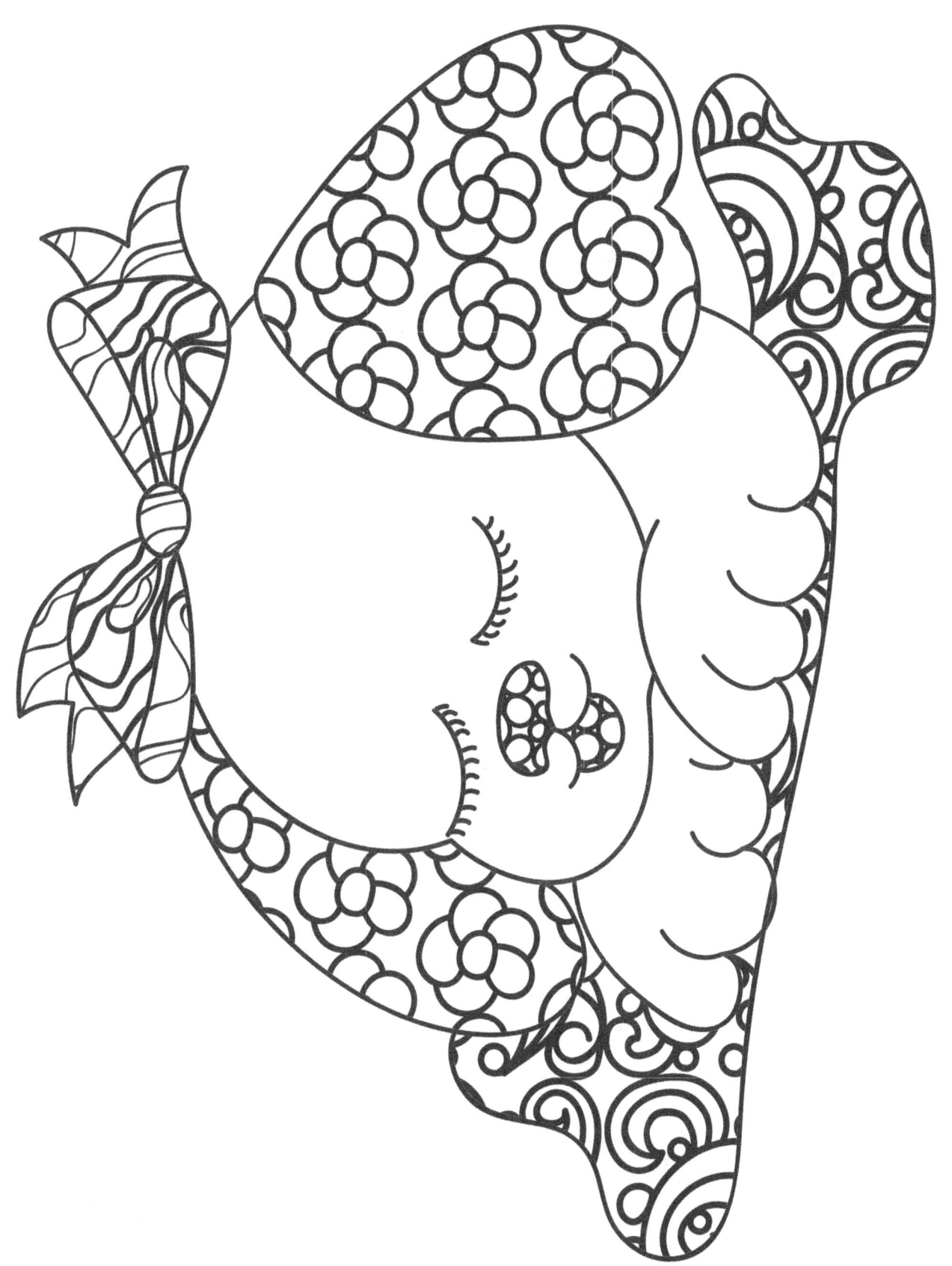

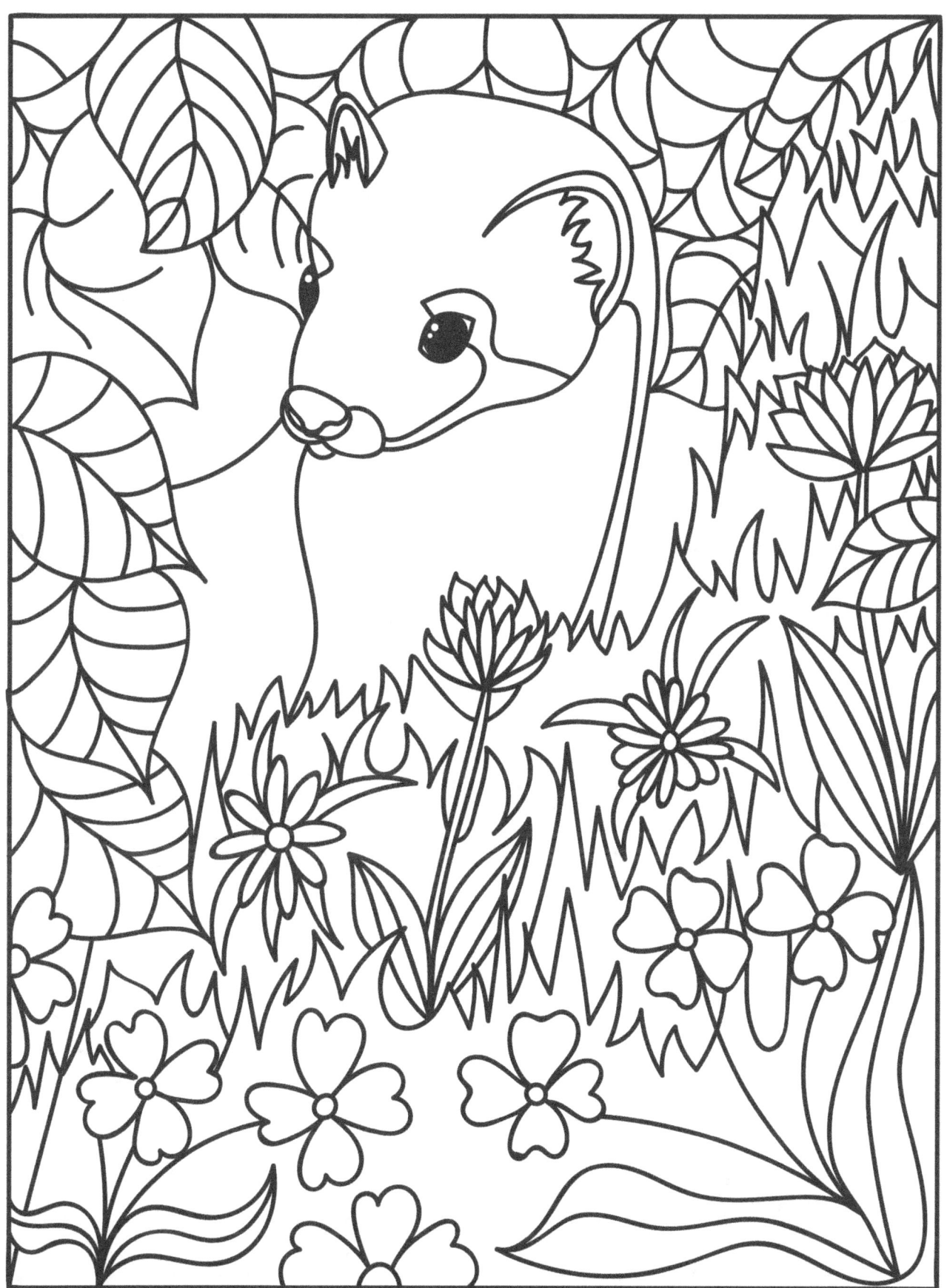

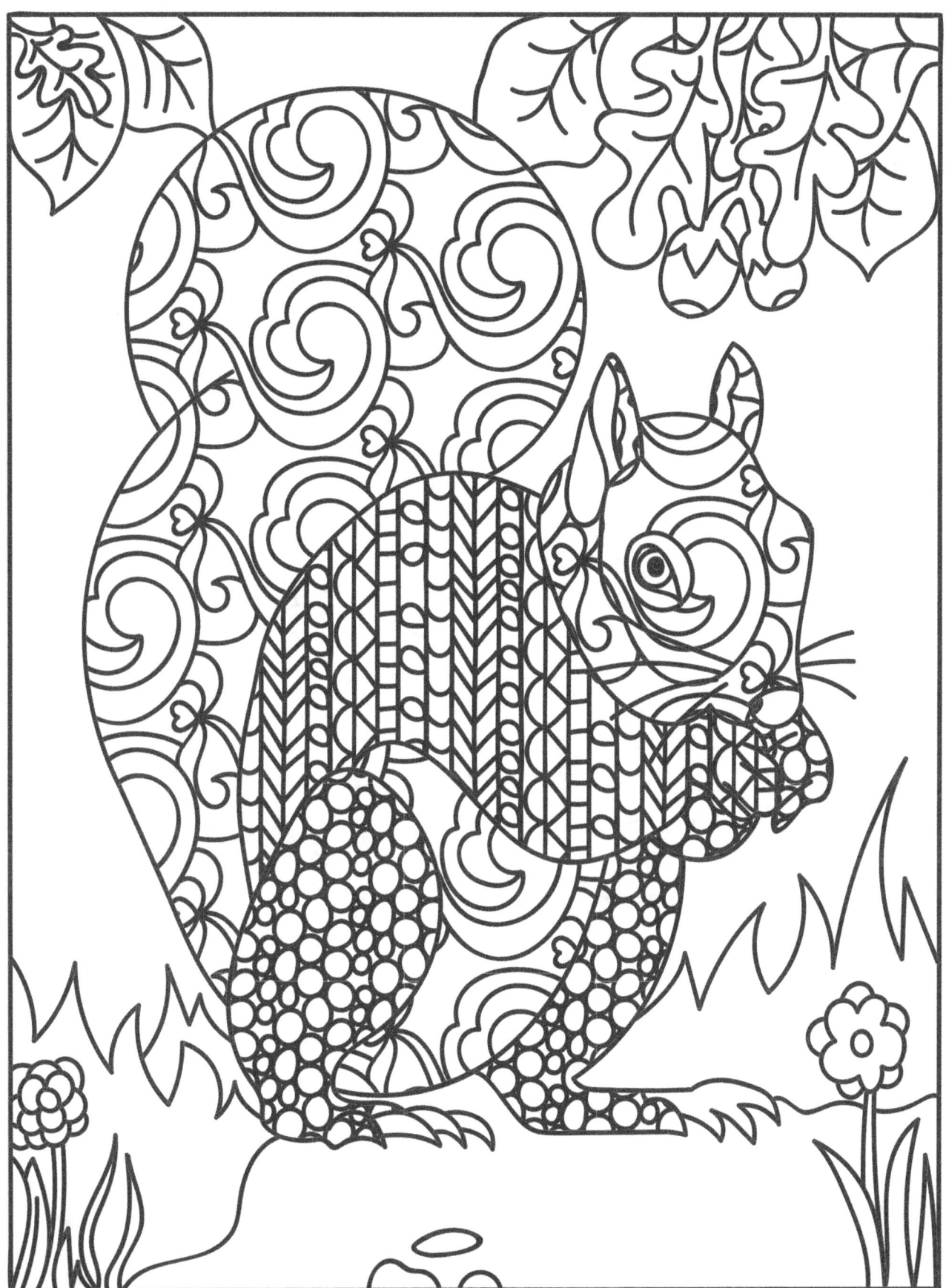

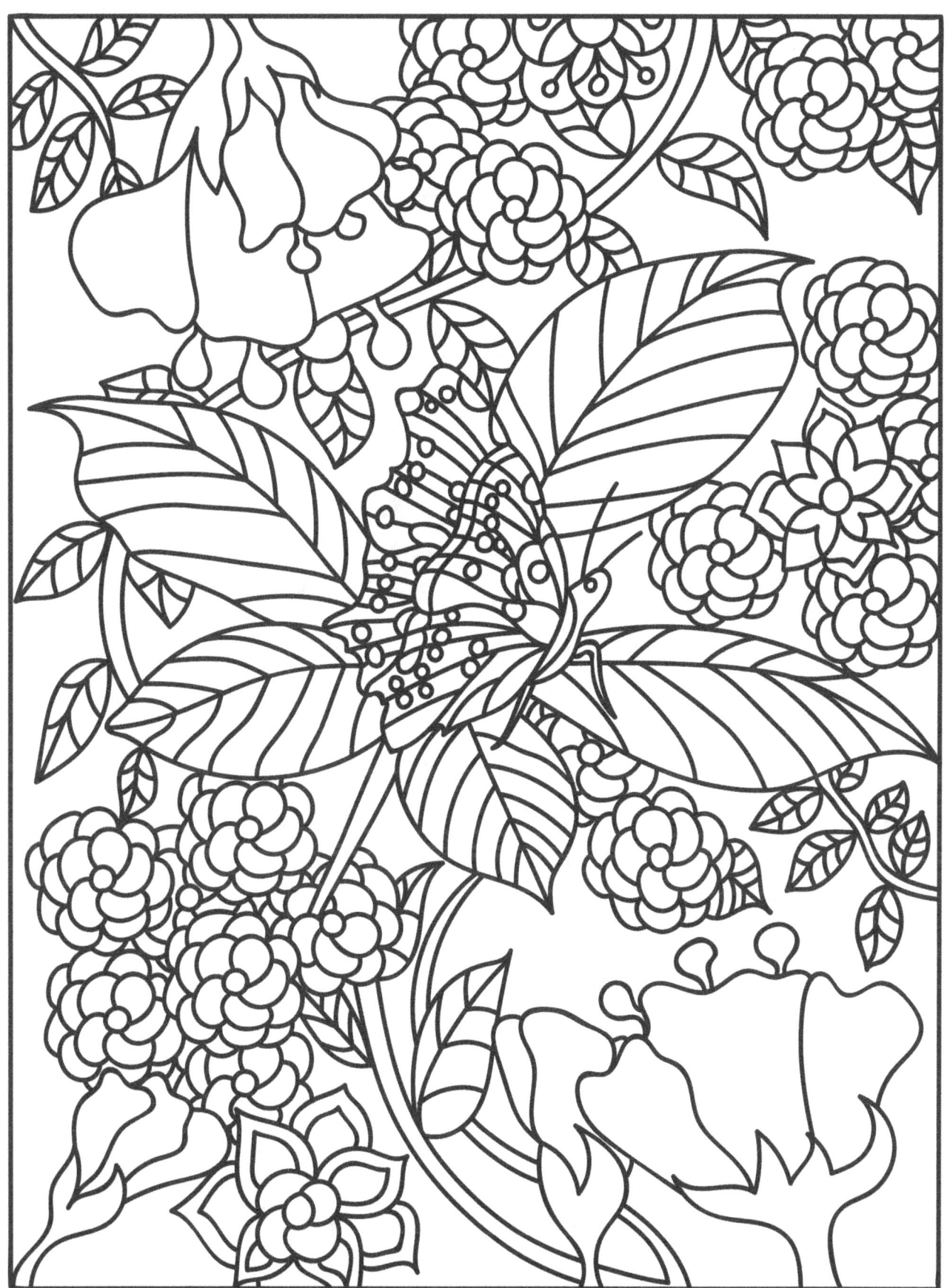

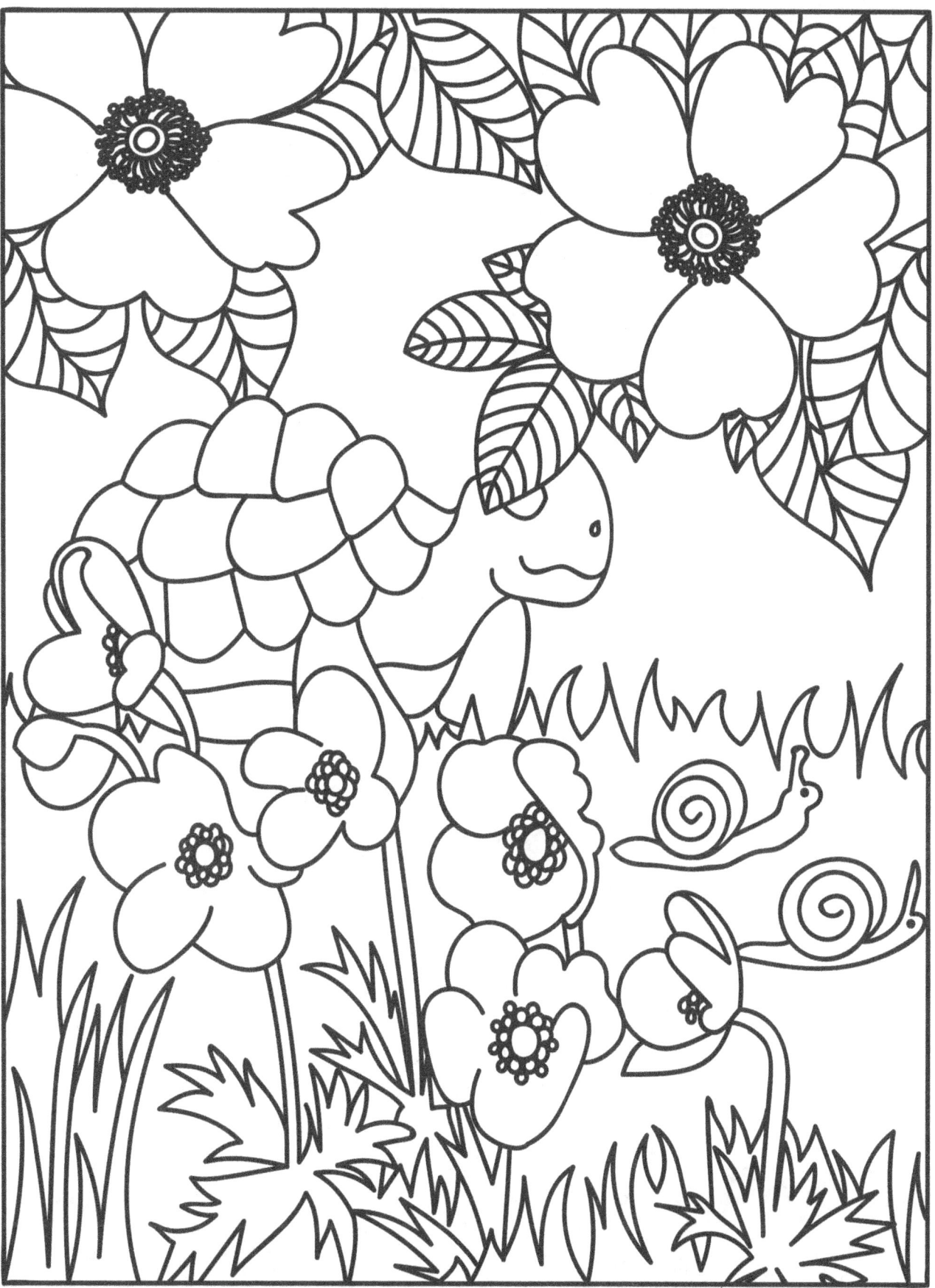

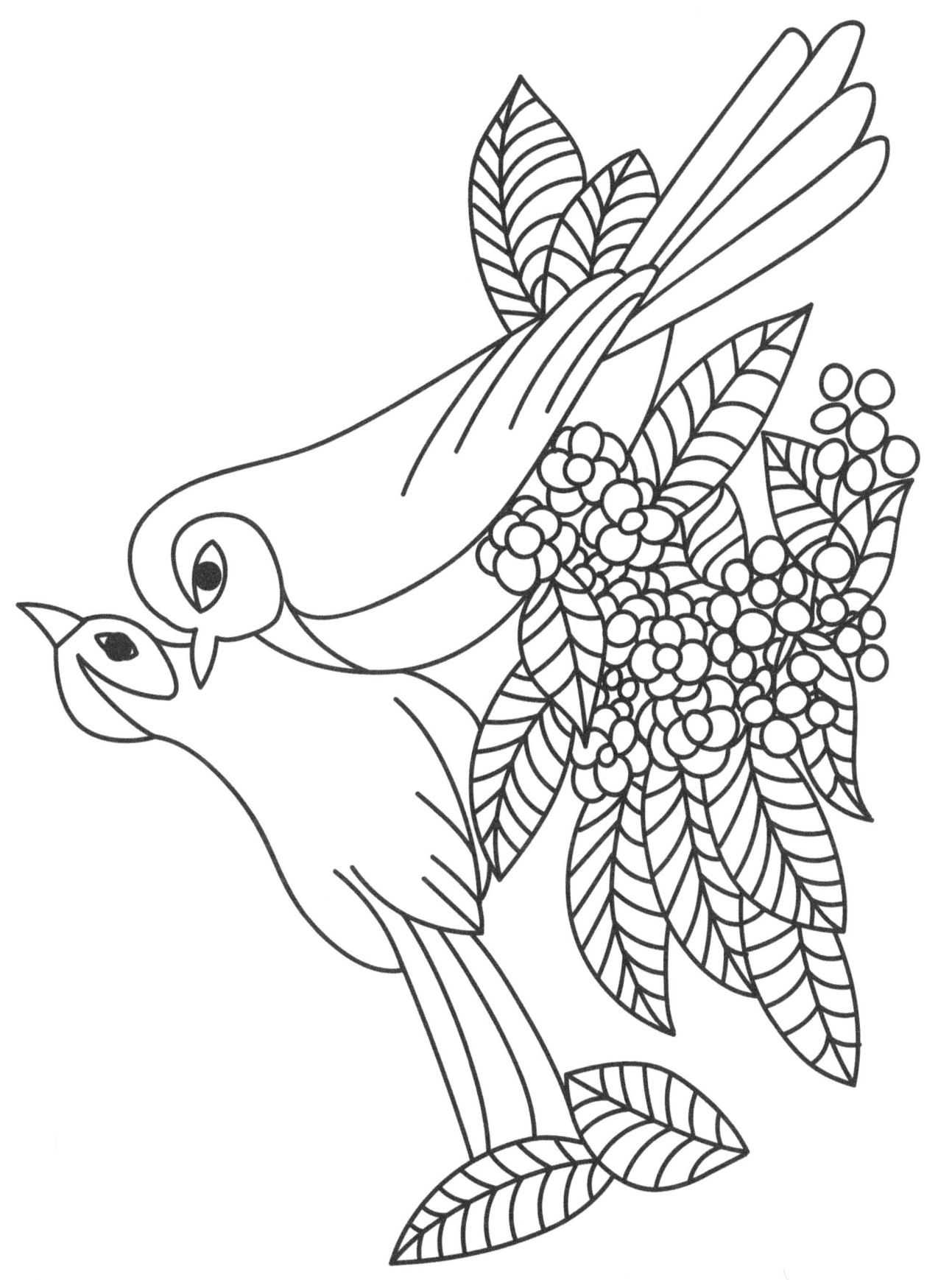

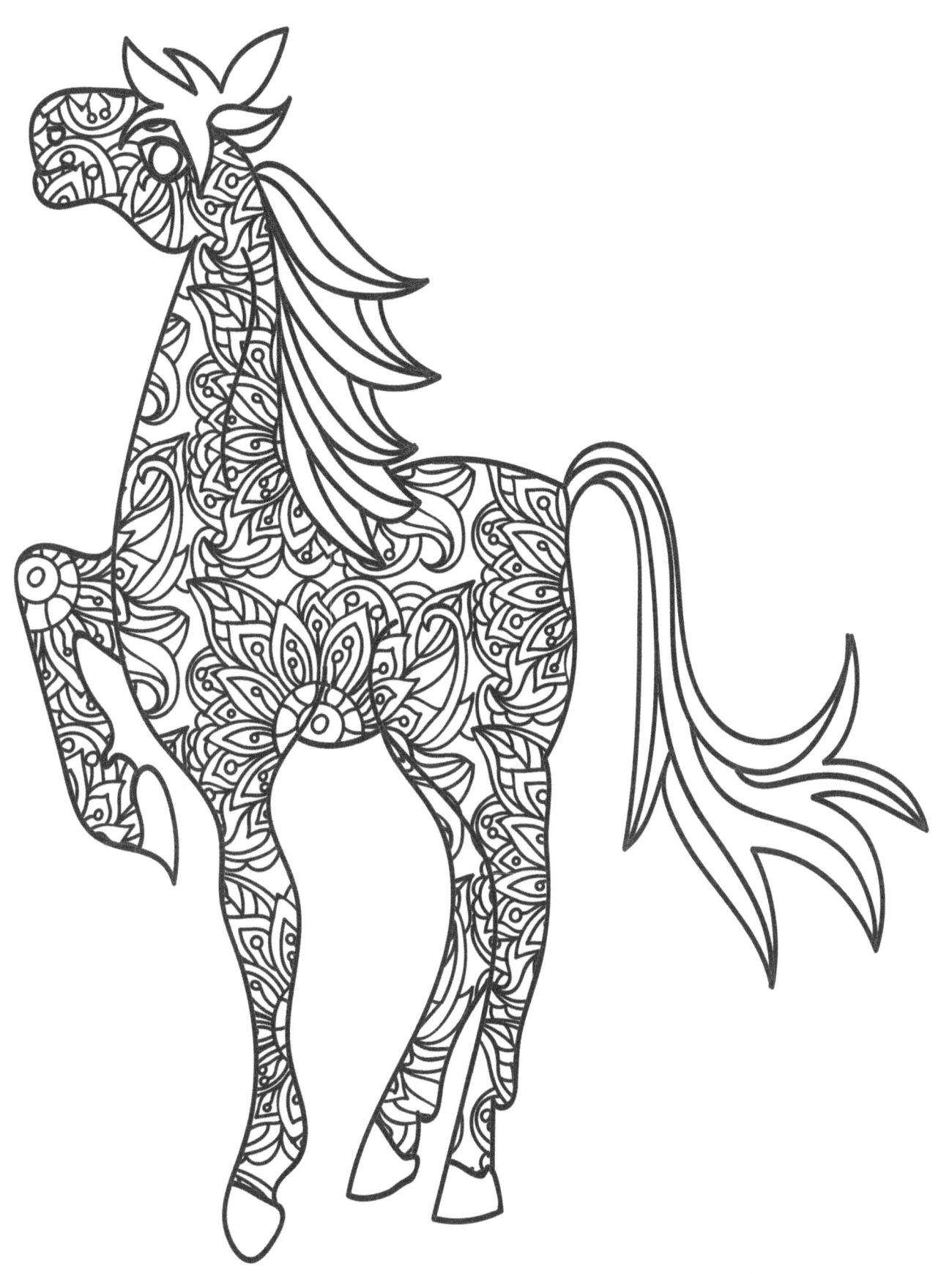

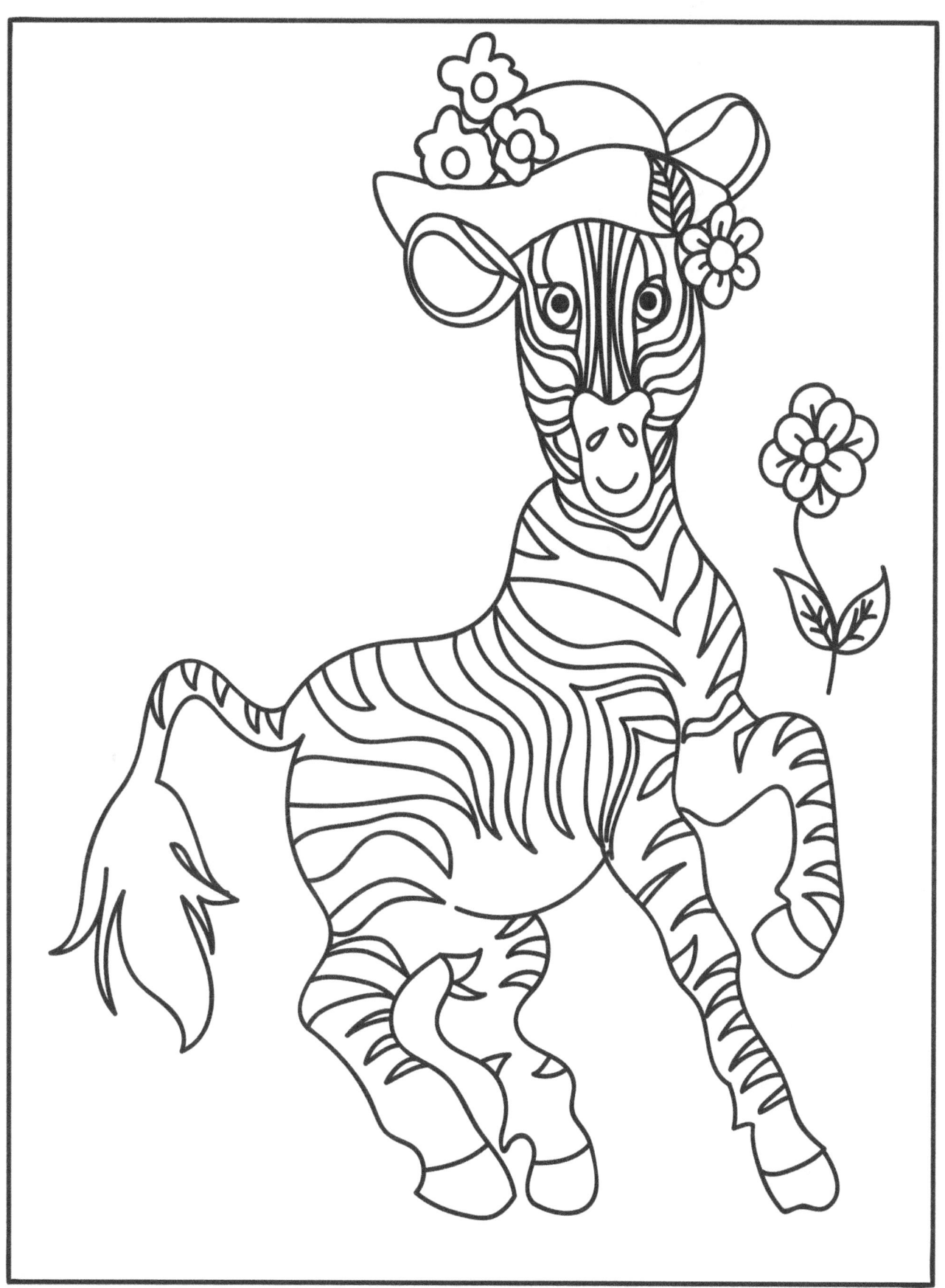

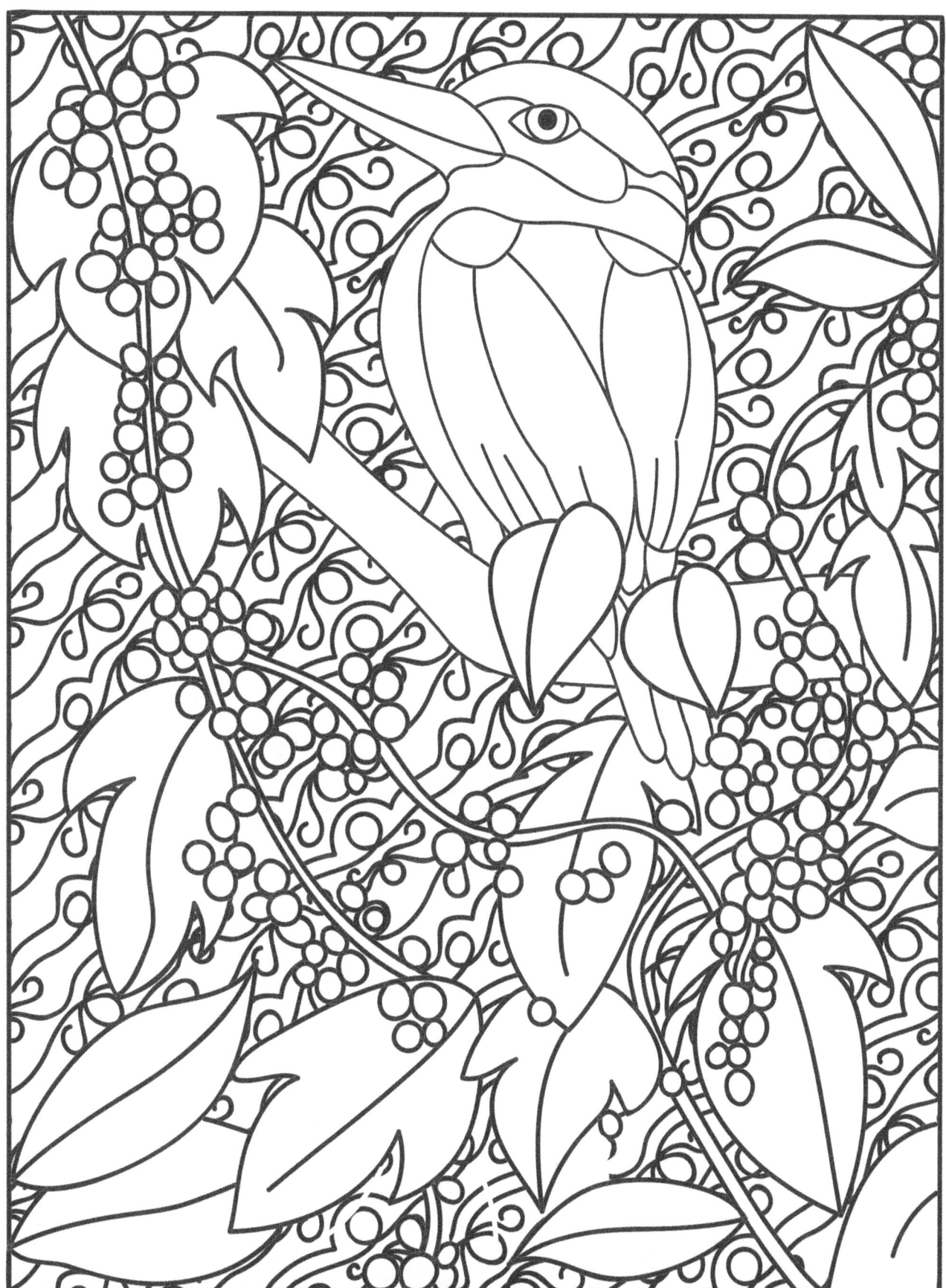

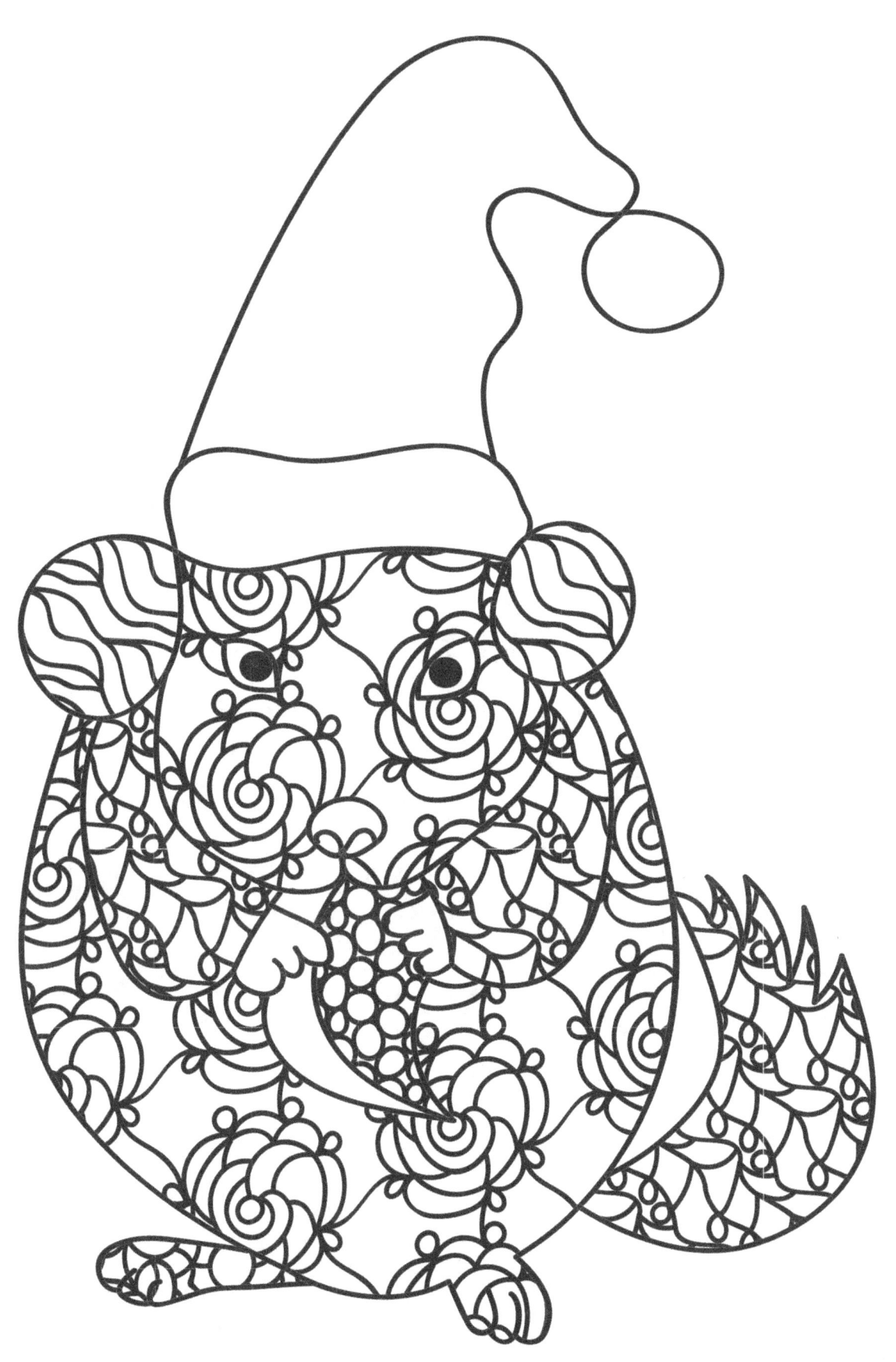

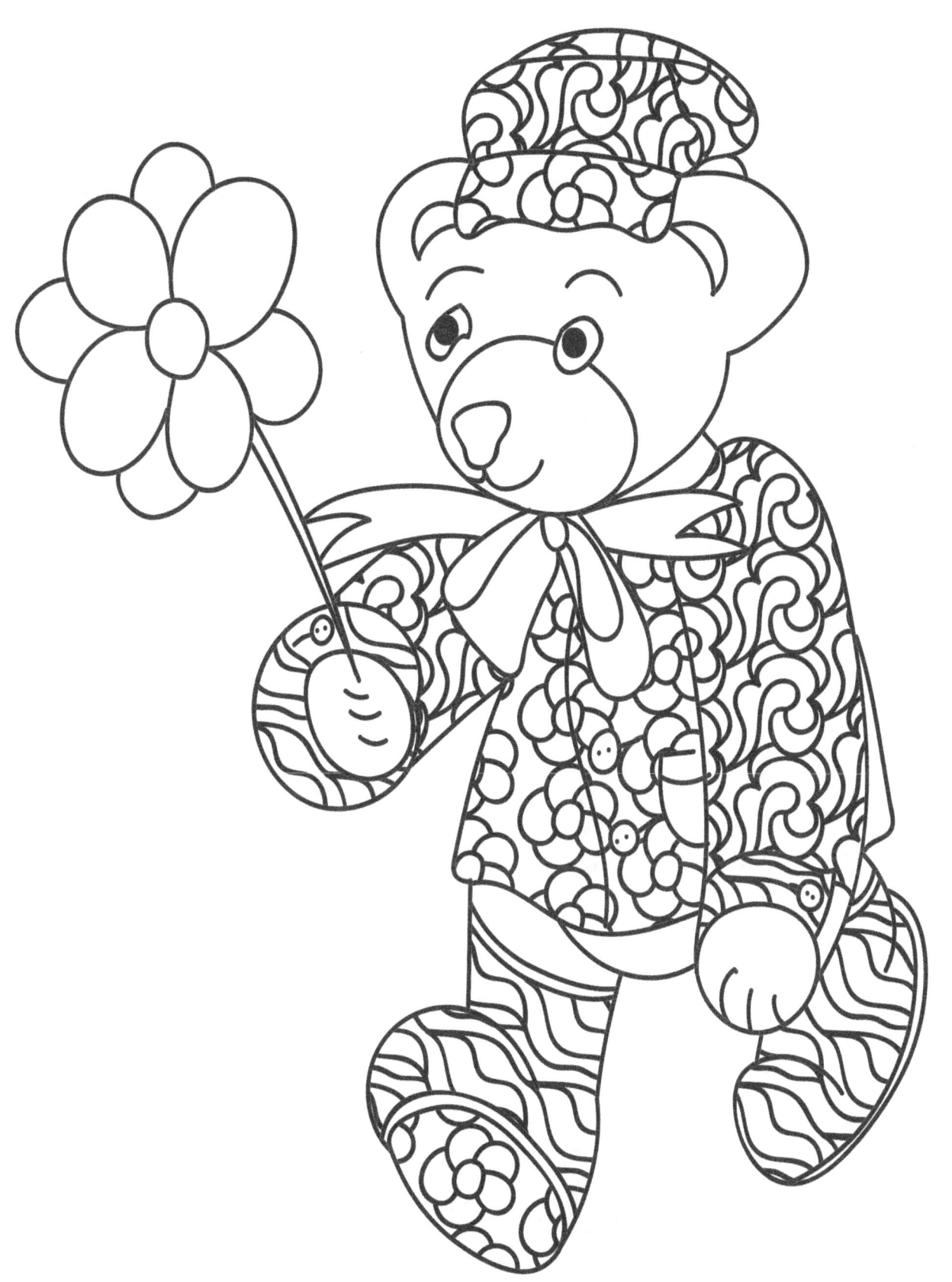

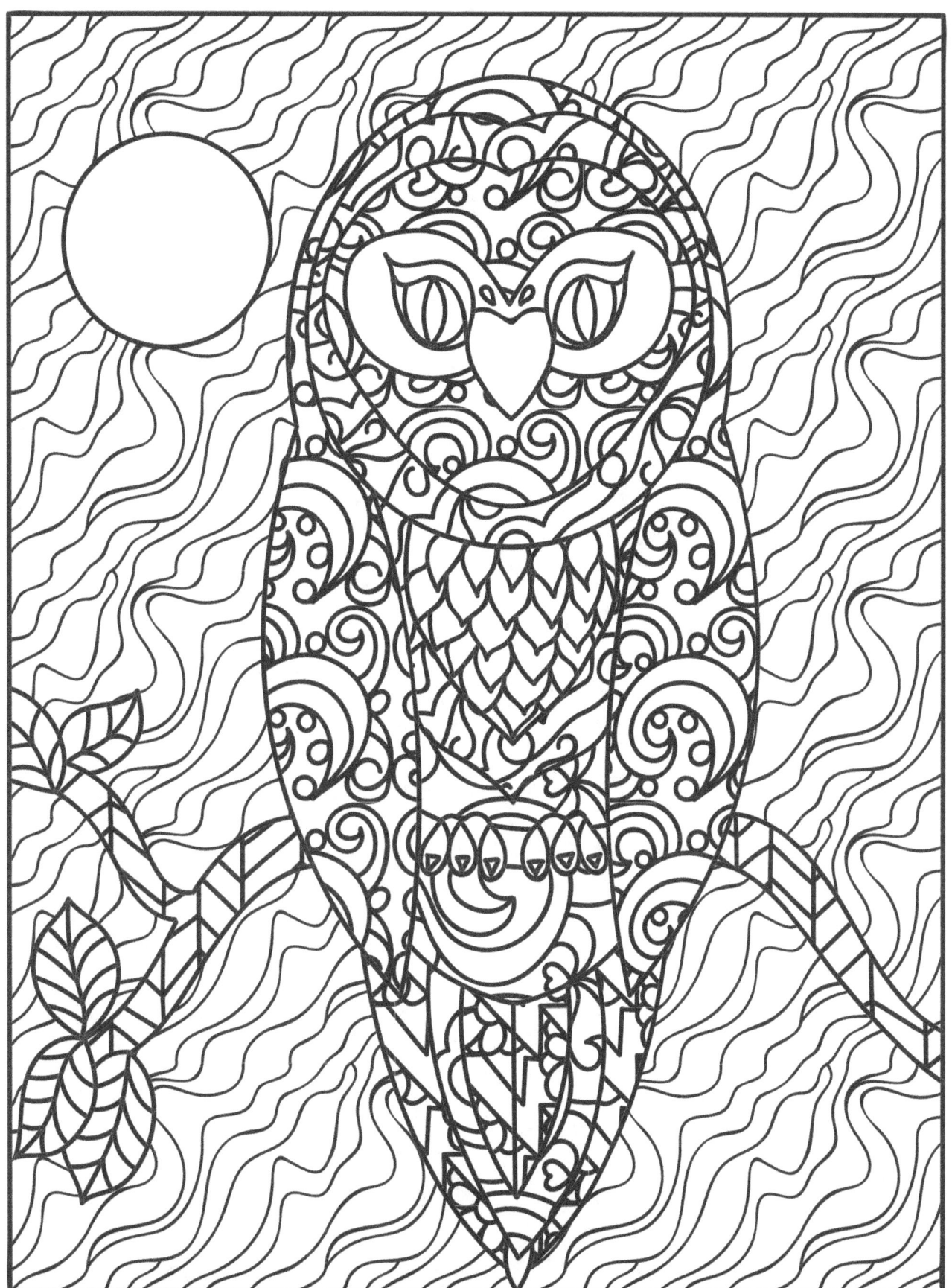

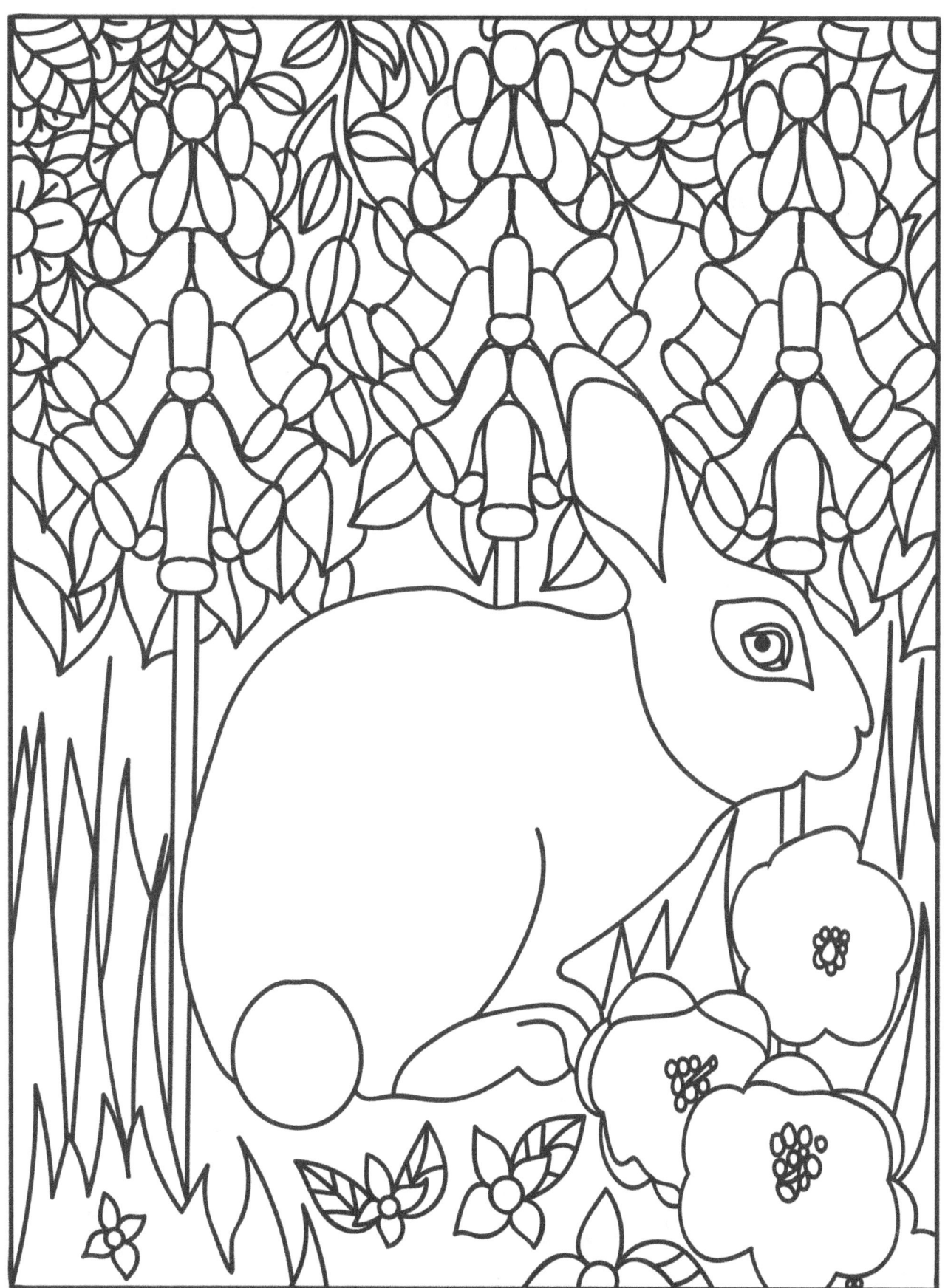

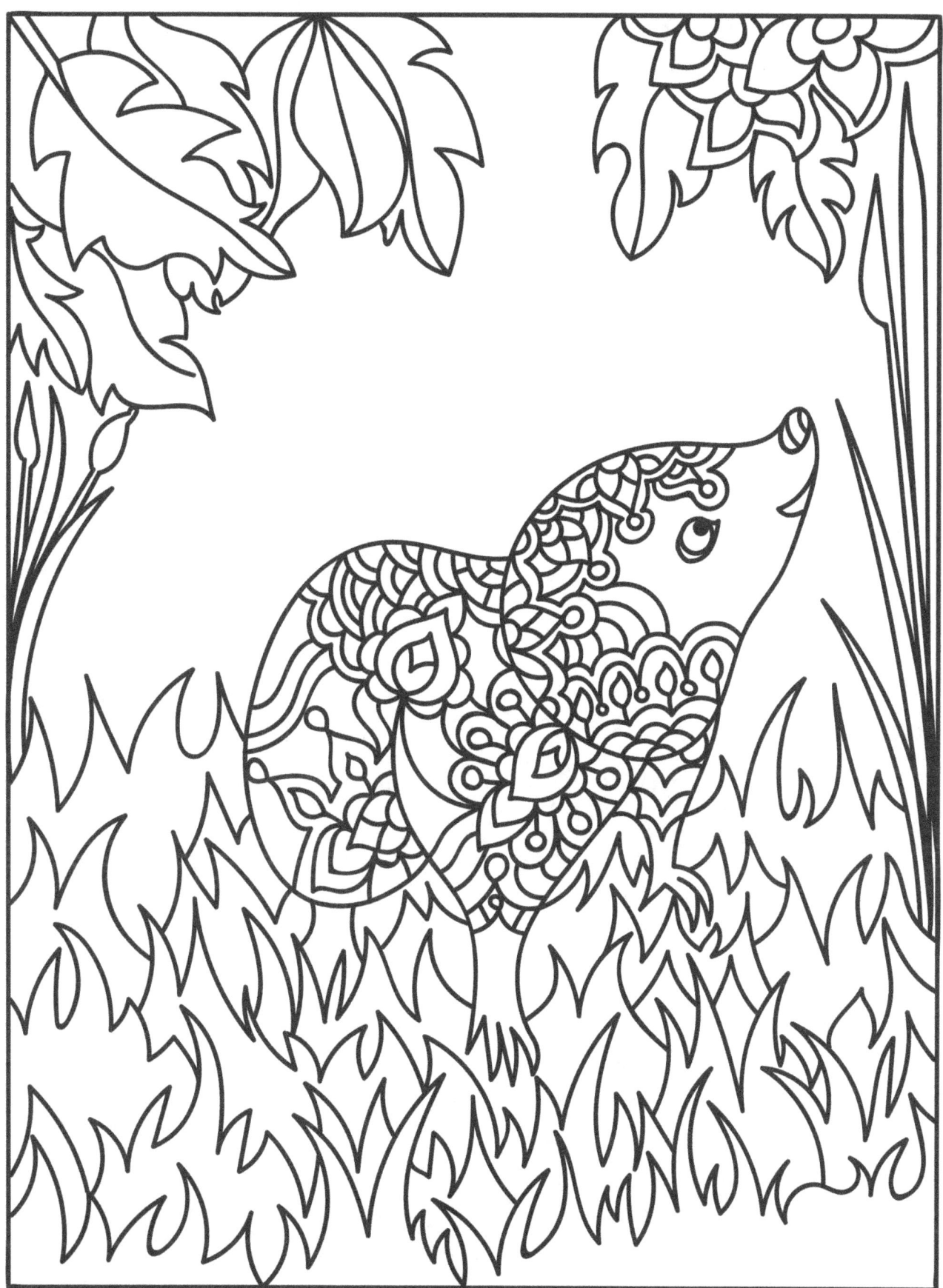

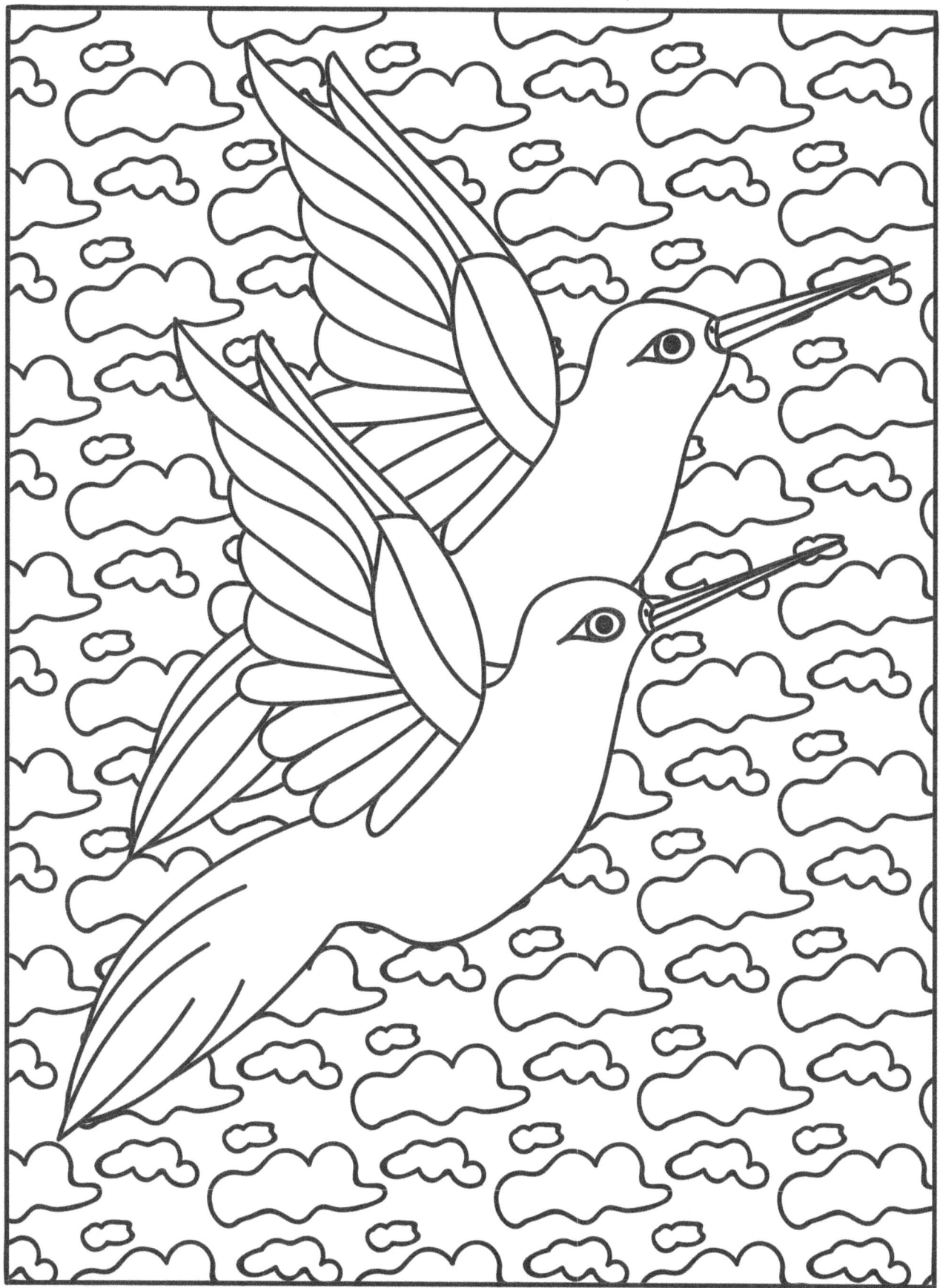

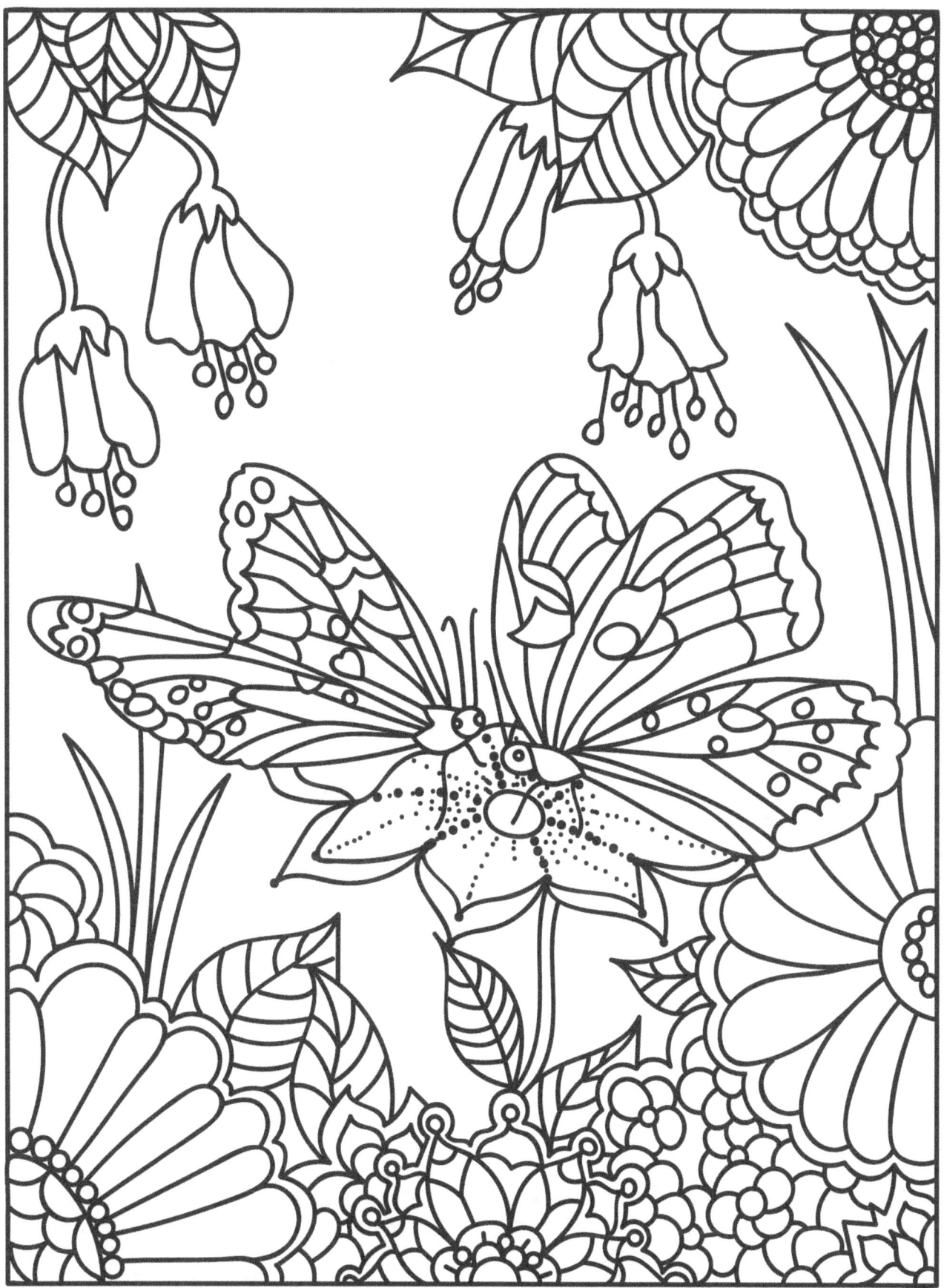

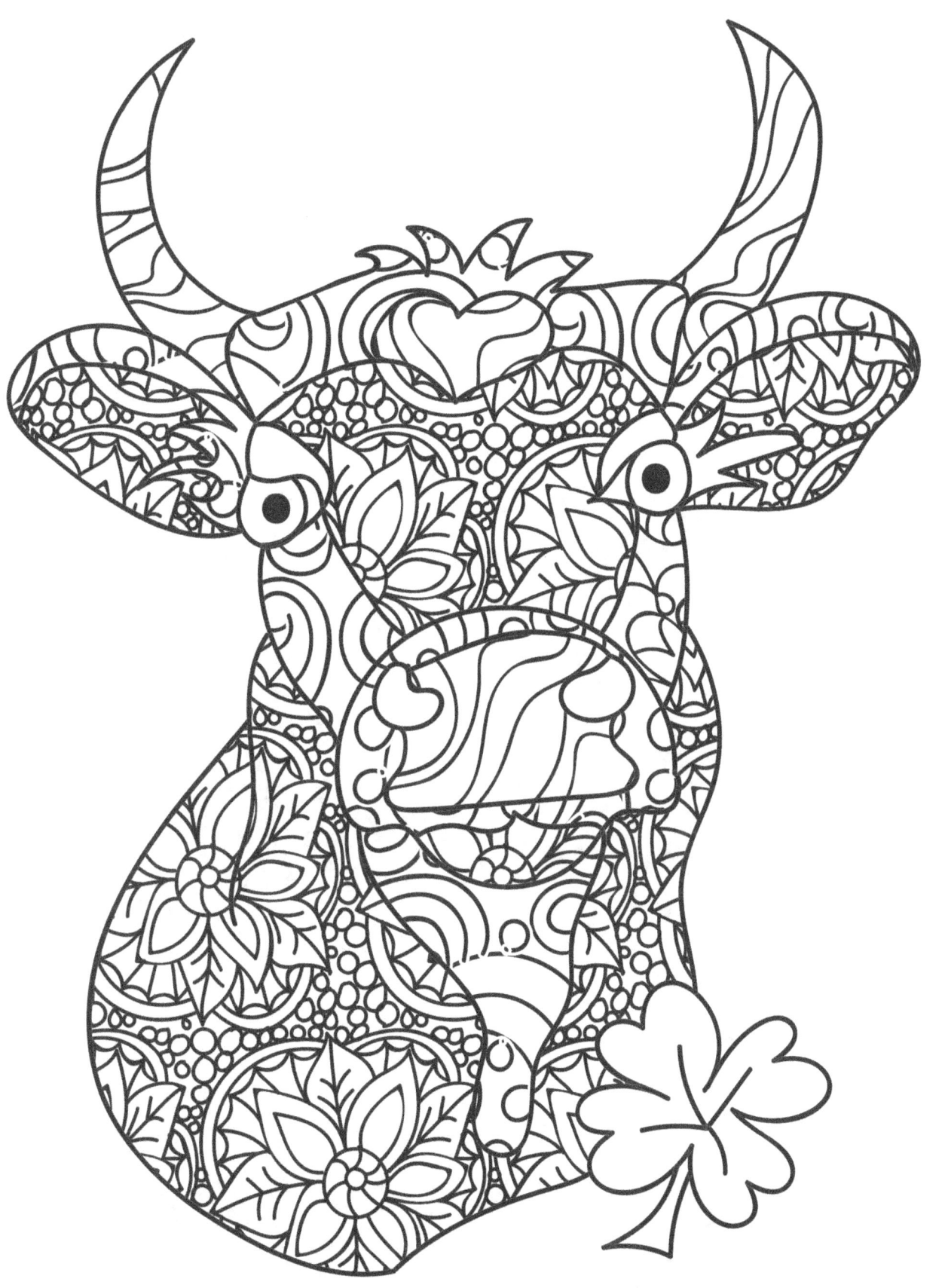

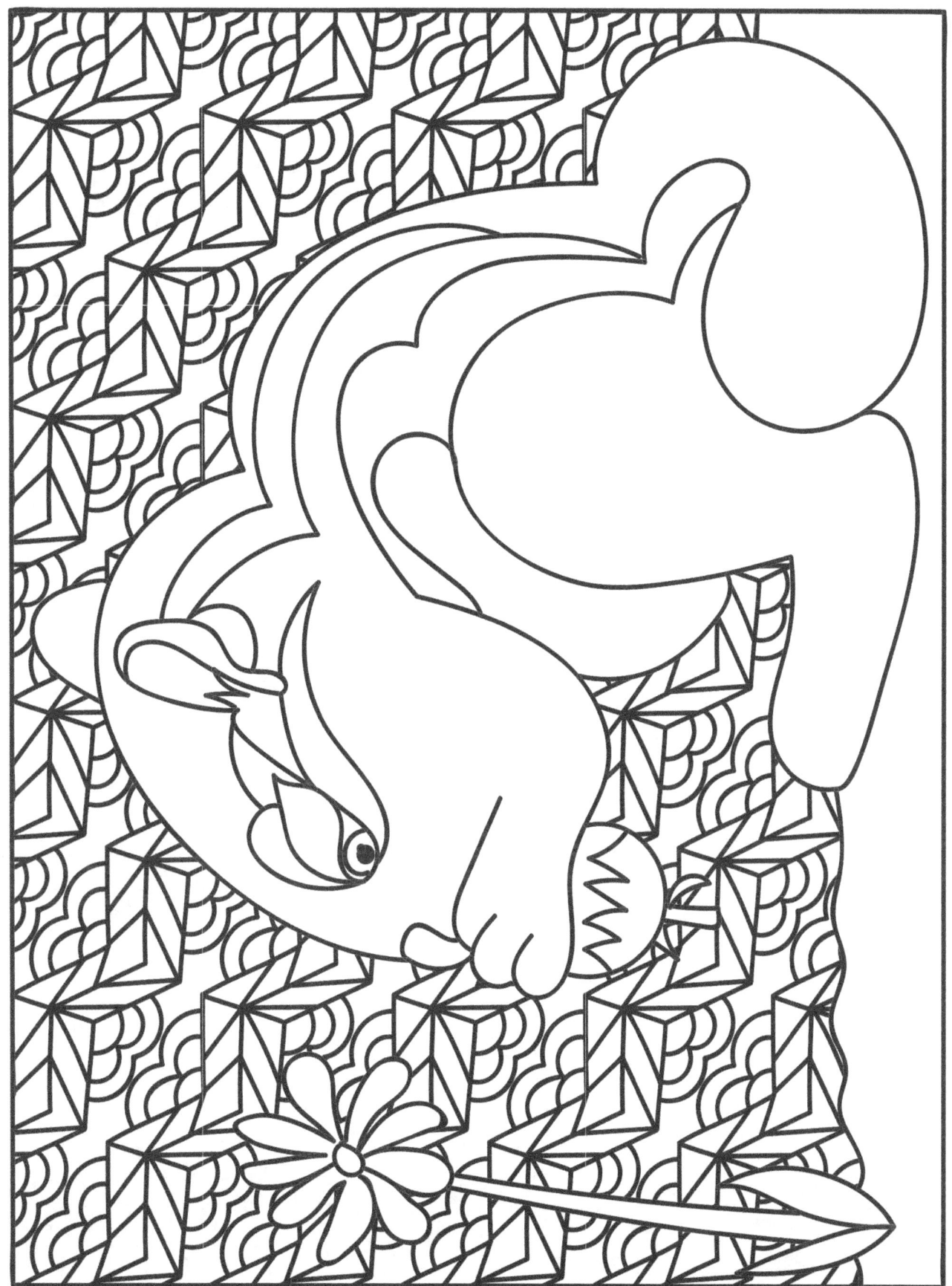

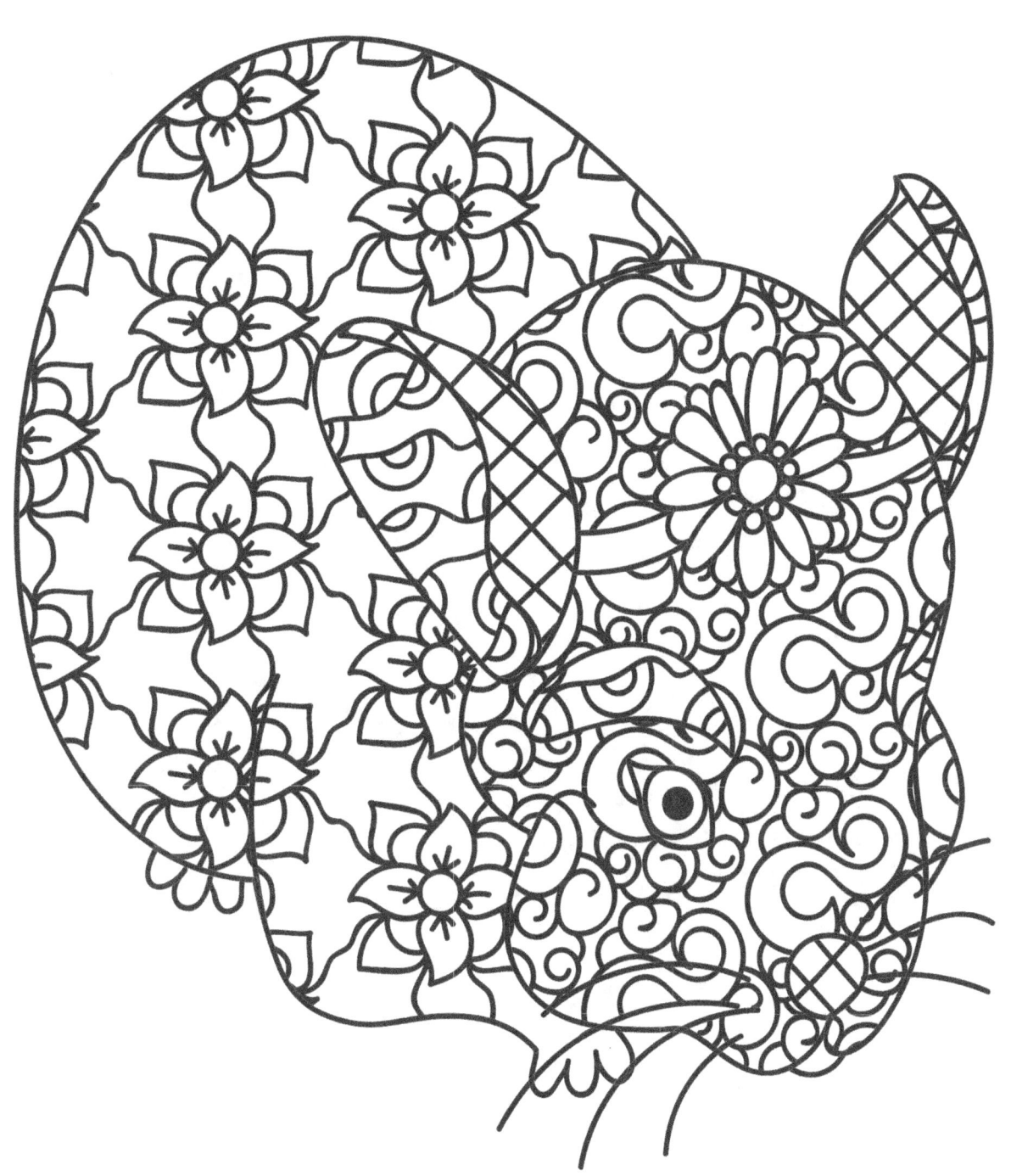

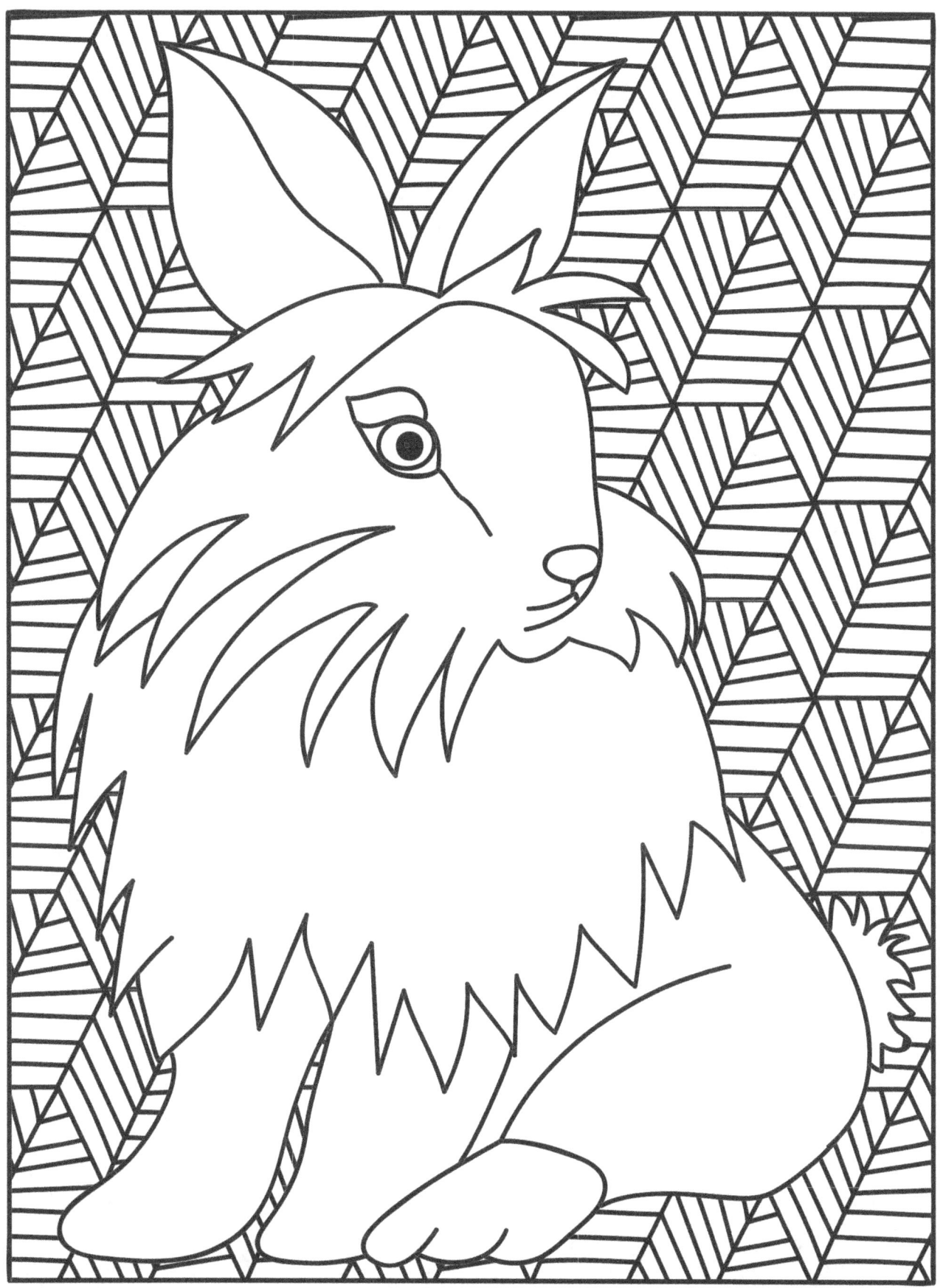

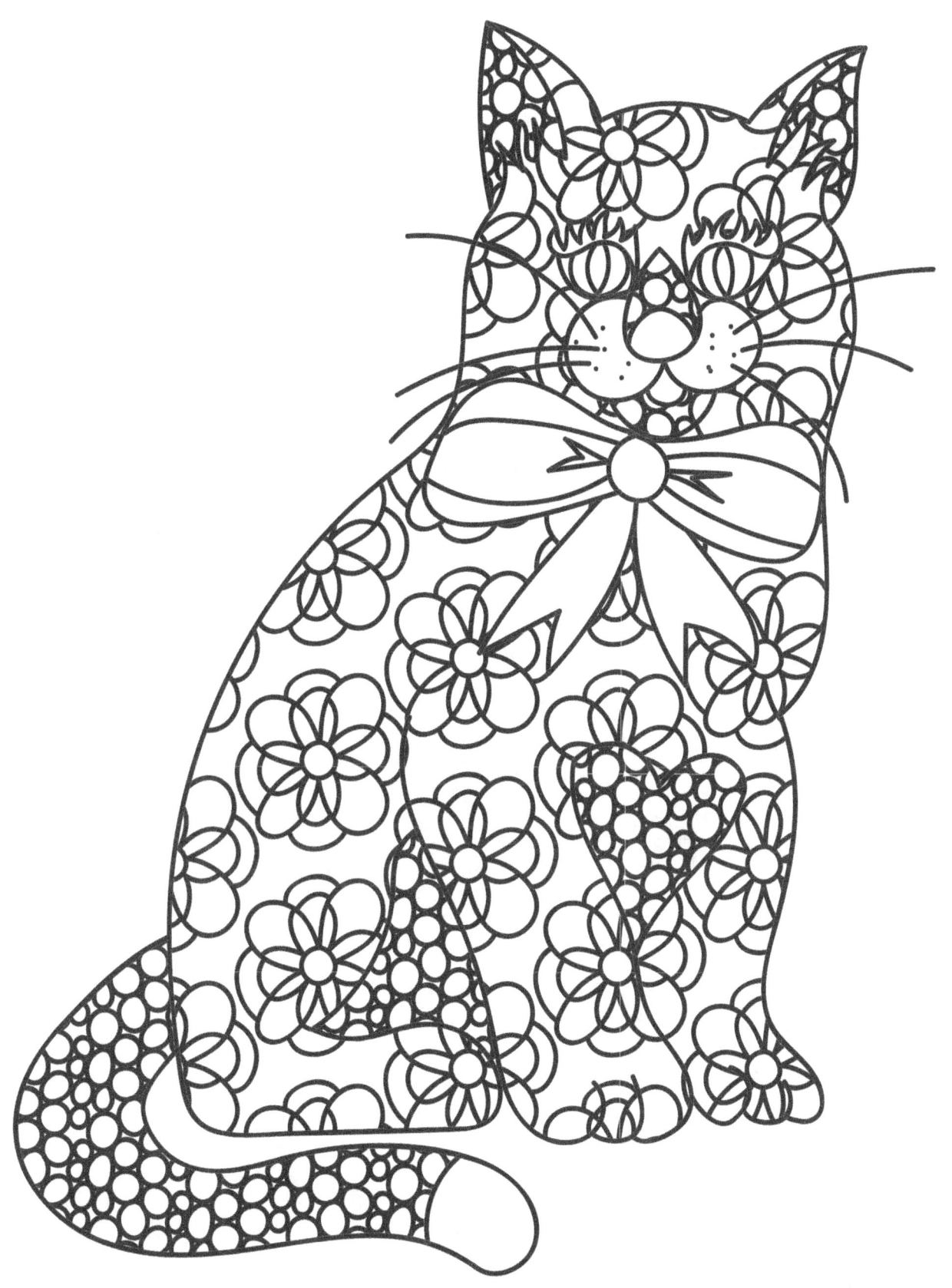

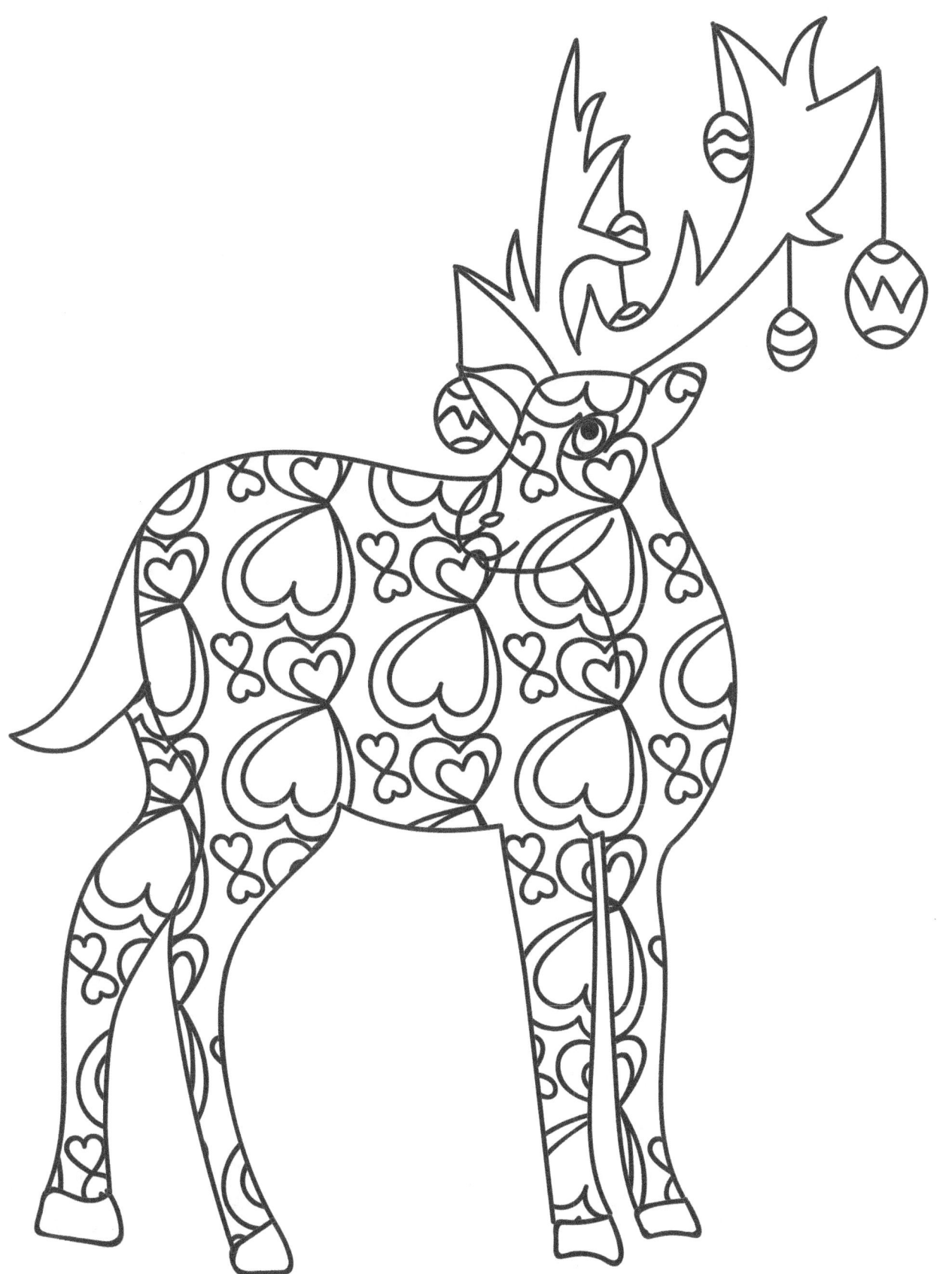

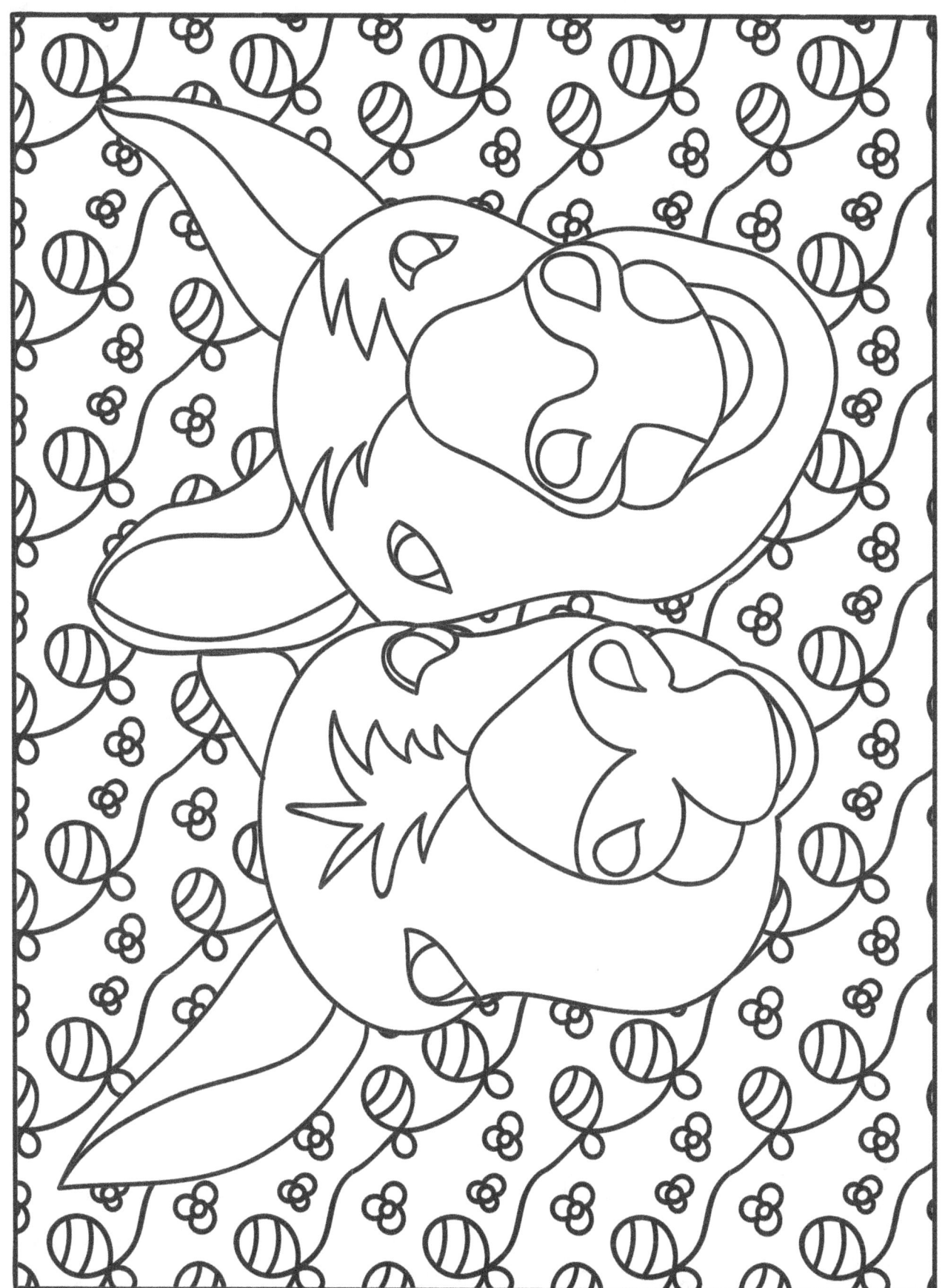

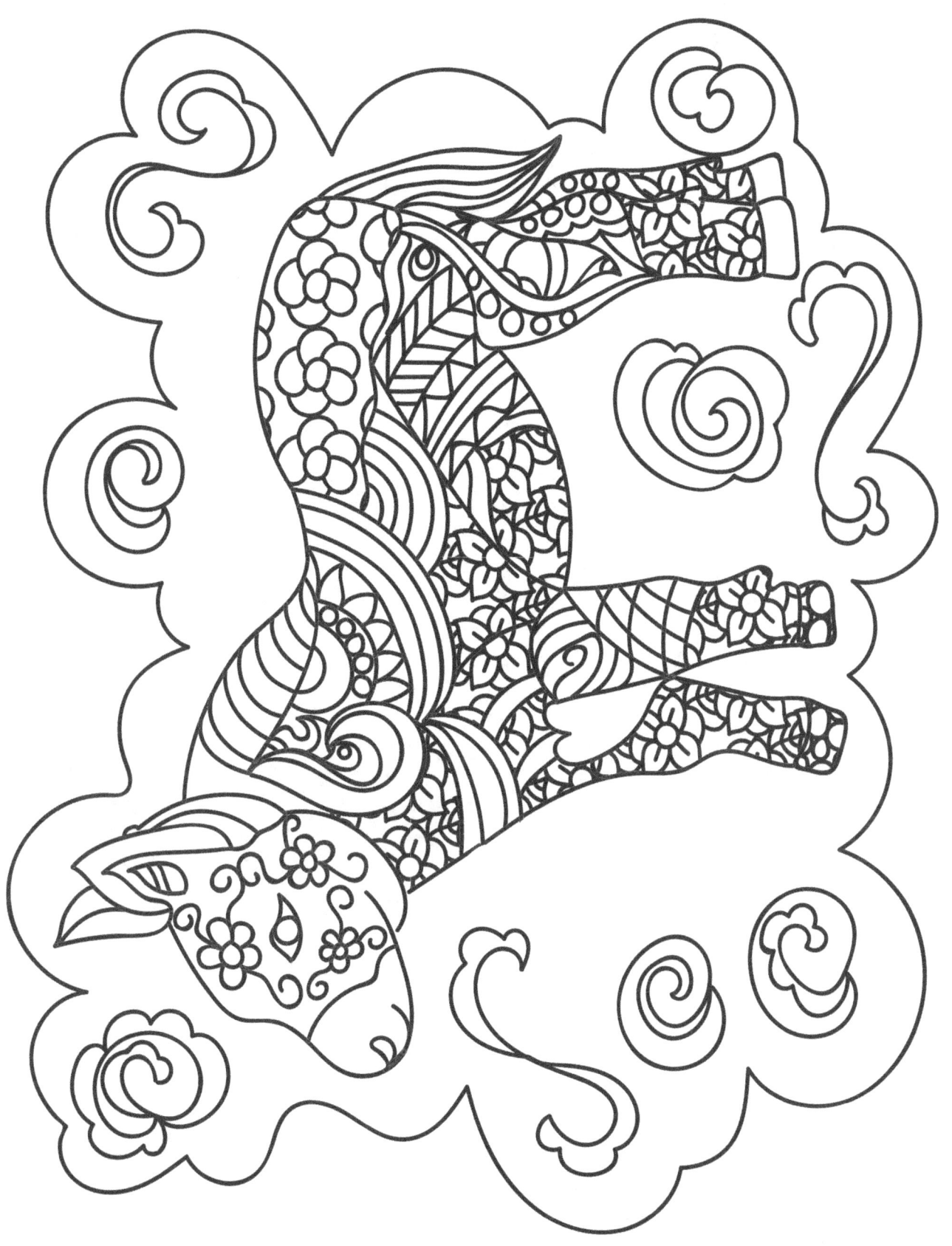

COLOR TEST PAGE

COLOR TEST PAGE

www.ingramcontent.com/pod-product-compliance
Lightning Source LLC
Chambersburg PA
CBHW081615220526
45468CB00010B/2894